Thomas Padberg

Investitionsrechnung für Industriefachwirte

AF287709

Verone

Thomas Padberg

Investitionsrechnung für Industriefachwirte

1st Edition | ISBN: 978-9-92500-197-2

Place of Publication: Nikosia, Cyprus

Erscheinungsjahr: 2016

TP Verone Publishing House Ltd.

In diesem Buch wird die Investitionsrechnung zu der Prüfungsvorbereitung für den Industriefachwirt dargestellt. Der Fokus liegt dabei auf den prüfungsrelevanten Themen. Im ersten Teil des Buches findet sich die theoretische Einführung in die Thematik, bereits mit zahlreichen Beispielen. Im zweiten Fall befindet sich der umfangreiche Fragen/Antworten-Katalog, der von einer umfangreichen Klausuraufgabe abgeschlossen wird.

Thomas Padberg

Investitionsrechnung für Industriefachwirte

Verone

Vorwort

In diesem Buch wird die Investitionsrechnung zu Ihrer Prüfungsvorbereitung dargestellt. Es handelt sich nicht um ein allumfassendes Werk zu diesem Thema, sondern um die für die Prüfung relevanten Themengebiete.

Besonders wichtige Passagen werden als „wichtig" gekennzeichnet. Diese enthalten Definitionen oder ähnliches, die für die Prüfung unerlässlich sind!

Im ersten Teil des Buches finden Sie die theoretische Einführung in die Thematik, bereits mit zahlreichen Beispielen. Im zweiten Fall befindet sich der umfangreiche Fragen/Antworten-Katalog. Diese Fragen sollten Sie für die Prüfung beantworten können, die abschließende Klausuraufgabe dient der Festigung.

Paphos, im April 2016

1 Einleitung

Unter Finanzwirtschaft versteht man alle Maßnahmen eines Unternehmens, die sich mit Kapital beschäftigen. Auf der einen Seite ist dies die Kapitalbeschaffung (Finanzierung), also die Frage, wo Kapital herkommt, das man im Unternehmen verwenden will. Auf der anderen Seite ist es die Kapitalverwendung (Investition), also die Frage, für was das Kapital im Unternehmen verwendet wird.

Beispiel:

Ein Unternehmen möchte die Produktion ausweiten. Welche Maschine ausgewählt wird, ist eine Frage der Investitionsrechnung.

Beispiel:

Das Unternehmen hat sich für eine Maschine entschieden. Diese kostet 1,2 Mio. €. Wie dieser Betrag zur Verfügung gestellt wird, ist eine Frage der Finanzierung.

Neben der Kapitalbeschaffung und –verwendung können auch noch Zahlungsverkehr und Risikomanagement als Bestandteile der Finanzwirtschaft betrachtet werden. Zahlungsverkehr beschreibt die Zahlungsströme des Unternehmens, Risikomanagement die Absicherung von Zahlungsströmen des Unternehmens.

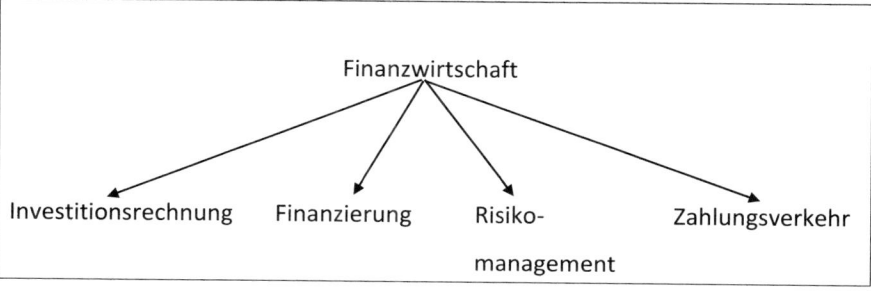

Abbildung 1: Bestandteile der Finanzwirtschaft

Beispiel:

Das Unternehmen erhält einen Auftrag aus Asien. Die Lieferung erfolgt per Schiff. Wie die Zahlung risikofrei für beide Seiten – Käufer und Verkäufer – erfolgen soll, ist eine Frage des Zahlungsverkehrs, hier speziell des Auslandszahlungskehrs.

Beispiel:

Das Unternehmen bietet bislang nur Zahlung per Überweisung an. Um mehr Kunden zu gewinnen, möchte das Unternehmen Zahlungen per Kreditkarte und Paypal ermöglichen. Dies ist eine Frage des Zahlungsverkehrs.

Beispiel:

Das Unternehmen liefert Waren in die USA und wird im Gegenzug US-$ erhalten. Der amerikanische Kunde erhält ein Zahlungsziel von 6 Monaten, von dem erwartet wird, dass es der Kunde auch in Anspruch nimmt. Das Unternehmen möchte sich gegen einen Wertverlust des US-$ gegen den Euro in den nächsten 6 Monaten absichern. Dies ist eine Frage des Risikomanagements.

In diesem Buch liegt der Fokus auf Investitionen. Neben den theoretischen Betrachtungen mitsamt Beispielen findet sich im hinteren Teil ein umfangreicher Aufgaben-/Lösungsteil.

2 Investitionsrechnung

2.1 Investitionsarten

Grundsätzlich lassen sich Investitionen nach verschiedenen Gesichtspunkten derart gliedern, in was, für was und mit welchen Auswirkungen in der Rechnungslegung sie getätigt wurden.

2.1.1 In was investiert wird

Hierbei wird das Investitionsobjekt betrachtet. Unterscheiden lassen sich:

- Immaterielle Investitionen
- Sachinvestitionen und
- Finanzinvestitionen.

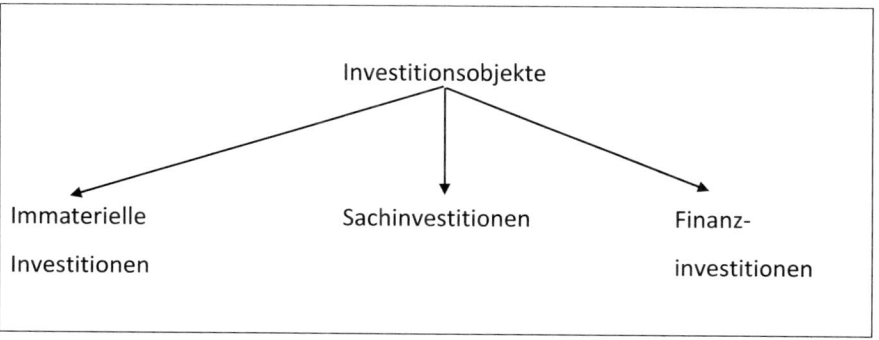

Abbildung 2: Gliederung der Investitionsobjekte wonach investiert wird

Bei immateriellen Investitionen wird in solche Investitionsobjekte investiert, die nicht berührt werden können. Hierunter fallen beispielsweise Patente oder Tätigkeiten der Forschung und Entwicklung.

Beispiel:

Ein Unternehmen kauft für 5 Mio. € das Patent eines Forschers => Immaterielle Investition.

Sachinvestitionen werden auch Realinvestitionen genannt. Hierunter fallen alle Investitionsobjekte, die man berühren kann. Beispiele sind Gebäude, Maschinen oder auch Vorratsbestände.

> **Beispiel:**
>
> Ein Unternehmen kauft für 1 Mio. € eine neue Halle, um dort nach und nach die Produktion zu erweitern => Sachinvestition.

Finanzinvestitionen sind letztlich solche Investitionen, bei denen man in andere Unternehmen investiert, unabhängig davon, ob es Anlagen in Eigen- oder Fremdkapital sind. Dementsprechend kann es sich um Aktien oder Wertpapiere oder andere Formen handeln.

> **Beispiel:**
>
> Ein Unternehmen beteiligt sich mit 50.000 € = 25% an einem anderen Unternehmen => Finanzinvestition.

> **Beispiel:**
>
> Ein Unternehmen gibt einem anderen Unternehmen einen Kredit über 10 Mio. € mit einer Laufzeit von 5 Jahren => Finanzinvestition.

> **Wichtig:**
>
> Bei „In was investiert wird" wird das Investitionsobjekt betrachtet. Unterscheiden lassen sich:
>
> - Immaterielle Investitionen
> - Sachinvestitionen und
> - Finanzinvestitionen.

2.1.2 Wofür investiert wird

Hierbei wird unterscheiden, zu welchem Zweck investiert wird. Unterscheiden lassen sich:

- Errichtungsinvestition, auch Gründungsinvestition genannt: hierbei handelt es sich um Investitionen für die Neugründung eines Unternehmens, eines Tochterunternehmens oder einer Betriebsstätte;

Beispiel:

Ein Unternehmen gründet eine Tochtergesellschaft in der Rechtsform einer GmbH. Als Stammkapital werden 50.000 € in das Unternehmen eingezahlt = investiert.

- Ersatzinvestition: hierbei handelt es sich um den Austausch eines veralteten oder nicht mehr funktionsfähigen Investitionsobjektes durch ein neues;

Beispiel:

Eine Maschine ist durch einen menschlichen Fehler unbrauchbar geworden. Da sie für die Produktion unerlässlich ist, kauft das Unternehmen eine baugleiche Maschine für 1 Mio. €. Es handelt sich um eine Ersatzinvestition.

- Rationalisierungsinvestition: hierbei handelt es sich eine Investition mit der Absicht, zukünftig Kosten zu sparen, beispielsweise durch den Austausch einer technologisch veralteten Maschine durch eine neue oder durch den Ersatz von Mitarbeitern durch Maschinen;

Beispiel:

Ein Unternehmen erwirbt eine Maschine für 1 Mio. €, mit der die Arbeitsleistung von vier Mitarbeitern ersetzt werden kann. Hierbei handelt es sich um eine Rationalisierungsinvestition.

- Erweiterungsinvestitionen: sie dienen der Erweiterung der bisherigen Kapazitäten, etwa durch den Kauf neuer Maschinen oder durch die Einstellung neuer Arbeitskräfte;

> Beispiel:
>
> Ein Unternehmen kauft eine weitere Maschine des gleichen Typs, um die Produktionsmenge zu verdoppeln. Hierbei handelt es sich um eine Erweiterungsinvestition.

- Diversifikationsinvestitionen: diese dienen der Risikodiversifikation, beispielsweise durch den Eintritt in neue Märkte bzw. Regionen.

> Beispiel:
>
> Ein Produzent von Regenschirmen steigt in die Produktion von Eiscreme ein, um das Wetterrisiko im Sommer auszugleichen. Hierbei handelt es sich um eine Diversifikationsinvestition.

> Wichtig:
>
> Bei „wofür investiert wird" wird unterscheiden, zu welchem Zweck investiert wird. Unterscheiden lassen sich:
>
> - Errichtungsinvestition, auch Gründungsinvestition genannt: hierbei handelt es sich um Investitionen für die Neugründung eines Unternehmens, eines Tochterunternehmens oder einer Betriebsstätte;
> - Ersatzinvestition: hierbei handelt es sich um den Austausch eines veralteten oder nicht mehr funktionsfähigen Investitionsobjektes durch ein neues;
> - Rationalisierungsinvestition: hierbei handelt es sich eine Investition mit der Absicht, zukünftig Kosten zu sparen, beispielsweise durch den Austausch einer technologisch veralteten Maschine durch eine neue oder durch den Ersatz von Mitarbeitern durch Maschinen;
> - Erweiterungsinvestitionen: sie dienen der Erweiterung der bisherigen Kapazitäten, etwa durch den Kauf neuer Maschinen oder durch die Einstellung neuer Arbeitskräfte;

- Diversifikationsinvestitionen: diese dienen der Risikodiversifikation, beispielsweise durch den Eintritt in neue Märkte bzw. Regionen.

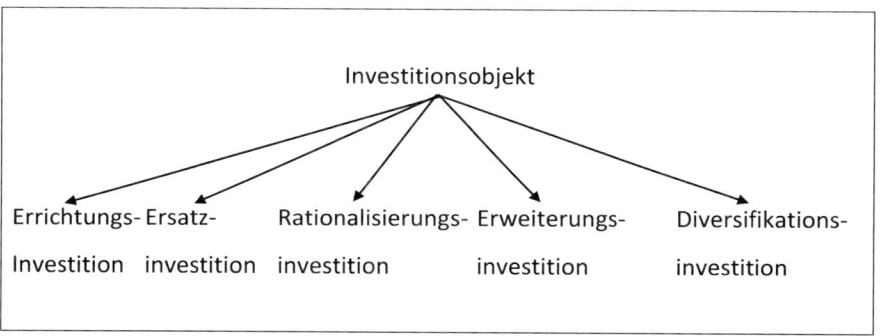

Abbildung 2: Gliederung der Investitionsobjekte wofür investiert wird

2.1.3 Welche Auswirkungen auf die Rechnungslegung bestehen

Hierbei wird unterschieden, ob eine Investition in der Bilanz aktiviert werden muss oder aktiviert werden darf oder nicht aktiviert werden darf. Unterscheiden lassen sich:

- Investitionen, die zu Aktivierungen führen müssen: beispielsweise der Kauf einer Maschine für 20.000 €;
- Investitionen, die aktiviert werden dürfen: Entwicklung einer Software, die Voraussetzungen des § 248 HGB sind erfüllt;
- Investitionen, die nicht aktiviert werden dürfen: Werbekampagne zur Verbesserung des Images.

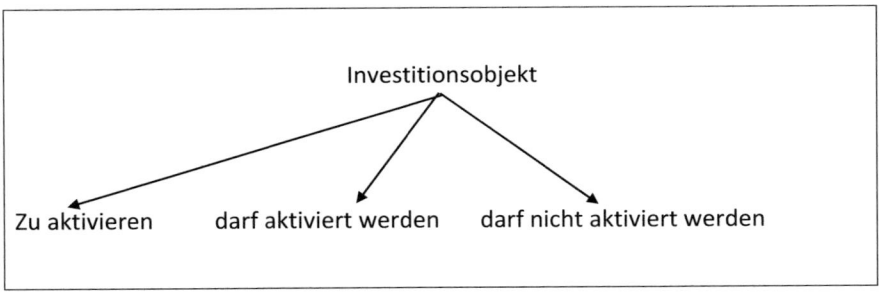

Abbildung 3: Gliederung der Investitionsobjekte nach Auswirkung auf die Rechnungslegung

2.2 Investitionsplanung

Die Investitionsplanung hat die Aufgabe, geplante Investitionen zu planen und zu steuern. Sie besteht aus folgenden Schritten:

1. Sammeln der relevanten Informationen,
2. Auswerten der Informationen,
3. Prüfen der Vorteile der verschiedenen Investitionsalternativen,
4. Ermittlung des optimalen Einsatzzeitpunktes,
5. Bestimmung des optimalen Investitionsprogrammes,
6. Koordination der beteiligten Personen, Organisationseinheiten etc.,
7. Prognose der erwarteten Daten.

Die Planungsphase beginnt mit dem Ermitteln des betrieblichen Bedarfes und Analyse der allgemeinen Marktbedingungen. In dieser Phase werden erste Ideen für Investitionsalternativen gesammelt und die in Frage kommenden Investitionsobjekte ermittelt.

Die alternativ möglichen Investitionsobjekte werden mit den verschiedenen Investitionsrechenverfahren (siehe Kapitel 3) auf ihre Vorteilhaftigkeit untersucht. Eine Investition, die nicht mindestens ihre entstehenden Auszahlungen abdeckt, kommt nicht infrage. Bei mehreren vorteilhaften Investitionsalternativen sind Kriterien zu bestimmen, nach denen die beste ermittelt wird.

In den Investitionsrechenverfahren werden prognostizierte Daten verwendet. Es ist solchen Daten grundsätzlich immanent, dass sie mit großer Unsicherheit behaftet sind. Diese Unsicherheit lässt sich nicht ausschließen, egal, wie gut die Daten geplant werden!

2.3 Investitionsentscheidung im Hinblick auf die Finanzierung

Jede Investitionsentscheidung hat Auswirkungen auf die Finanzierungsseite, da

- entweder vorhandene Mittel statt der Rückführung von Kapital in neue Investitionen gesteckt werden, oder
- für Investitionen neues Kapital beschafft werden muss, oder
- eine Mischung von beidem durchgeführt wird.

Im folgenden Kapitel werden die verschiedenen Investitionsrechenverfahren besprochen. Dabei werden die Finanzierungsseite und vor allem die Finanzierungskosten als gegeben vorausgesetzt. Aus didaktischen Gründen werden die Bereiche voneinander getrennt behandelt, tatsächlich greifen die Bereiche natürlich stark ineinander ein!

2.4 Investitionsrechnungen

Es lassen sich statische und dynamische Investitionsrechenverfahren unterscheiden. Während die dynamischen Investitionsrechenverfahren den Zeitpunkt einer zukünftigen Zahlung aus einer Investition berücksichtigen, indem der Zeitwert des Geldes Berücksichtigung findet, wird bei statischen Investitionsrechenverfahren der Durchschnitt der zukünftigen Zahlungen verwendet.

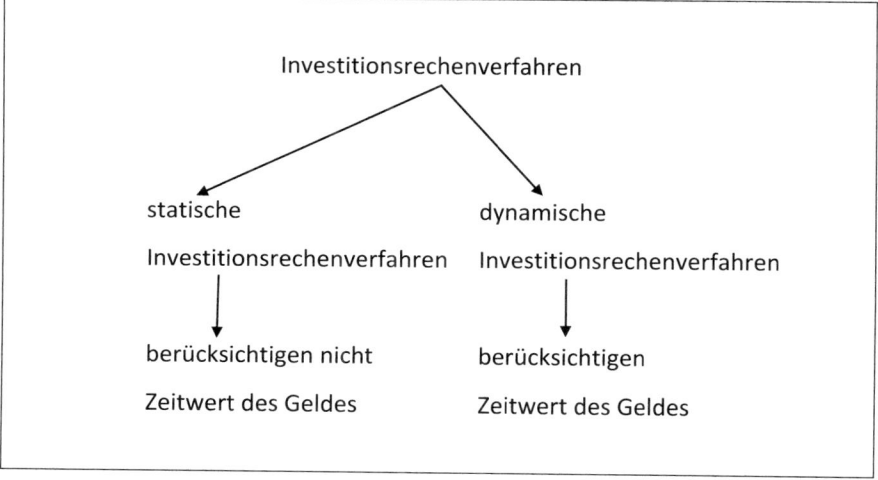

Abbildung 4: Investitionsrechenverfahren

Beispiel:

Aus einer Investition werden folgende Einzahlungen erwartet:

Jahr 1   200

Jahr 2   500

Jahr 3   300

Jahr 4   150

Jahr 5   250

Die dynamischen Investitionsrechenverfahren zinsen die zukünftigen Zahlungen auf den heutigen Zeitpunkt ab (Barwert). Dagegen wird bei den statischen Investitionsrechenverfahren die durchschnittliche Einzahlung von $\frac{200+500+300+150+250}{5\ Jahre} = \frac{1.400}{5\ Jahre} = 280/\text{Jahr}$ verwendet!

Aufgrund der Durchschnittsbetrachtung der statischen Investitionsrechenverfahren werden hier andere Begriffe verwendet als bei den dynamischen Investitionsrechenverfahren. Dynamische Investitionsrechenverfahren verwenden Zahlungsgrößen, während statische Investitionsrechenverfahren auf Kostengrößen abstellen.

Um die Begrifflichkeiten voneinander abzugrenzen, werden nachfolgend zunächst die Begriffe des Rechnungswesens besprochen.

Es lassen sich folgende Begriffe unterscheiden:

- Auszahlungen,
- Ausgaben,
- Aufwendungen und
- Kosten sowie
- Einzahlungen,
- Einnahmen,
- Erträge und
- Leistungen.

Auszahlungen, Ausgaben, Einzahlungen und Einnahmen sind die Begriffe der Finanzierung und der dynamischen Investitionsrechnung. Kosten und Leistungen werden in der Kosten- und Leistungsrechnung sowie in der statischen Investitionsrechnung verwendet. Aufwendungen und Erträge sind die Begriffe des externen Rechnungswesens.

Betrachtet man die Totalperiode – die Zeit zwischen Gründung und Auflösung eines Unternehmens – so ist die Gesamtsumme von Auszahlungen, Ausgaben und Aufwendungen bzw. Einzahlungen, Einnahmen und Erträgen identisch. Eine Auszahlung führt beispielsweise immer irgendwann zu Aufwand. Kosten und Leistungen sind kalkulatorische Begriffe, diese können sich von den anderen Begriffen in ihren Werten unterscheiden.

Um die Begriffe näher abzugrenzen, werden sie zunächst definiert:

Auszahlungen: Abfluss an Zahlungsmitteln;

Ausgabe: Verminderung des Netto-Geldvermögens; Ausgaben sind damit Auszahlungen, Abgänge kurzfristiger Forderungen und Zugänge kurzfristiger Verbindlichkeiten – letzteren stehen entsprechende Güterflüsse gegenüber;

Kosten: nach betrieblichen Vorschriften ermittelter Werteverzehr;

Aufwendungen: nach gesetzlichen Vorschriften ermittelter Werteverzehr;

Einzahlungen: Zufluss von Zahlungsmitteln;

Einnahme: Erhöhung des Netto-Geldvermögens; Einnahmen sind damit Einzahlungen, Zugänge kurzfristiger Forderungen und Abgänge kurzfristiger Verbindlichkeiten – letzteren stehen entsprechende Güterflüsse gegenüber;

Leistungen: nach betrieblichen Vorschriften ermittelter Wertezuwachs;

Erträge: nach gesetzlichen Vorschriften ermittelter Wertezuwachs.

Wichtig:

Auszahlungen: Abfluss an Zahlungsmitteln;

Ausgabe: Verminderung des Netto-Geldvermögens; Ausgaben sind damit Auszahlungen, Abgänge kurzfristiger Forderungen und Zugänge kurzfristiger Verbindlichkeiten – letzteren stehen entsprechende Güterflüsse gegenüber;

Kosten: nach betrieblichen Vorschriften ermittelter Werteverzehr;

Aufwendungen: nach gesetzlichen Vorschriften ermittelter Werteverzehr;

Einzahlungen: Zufluss von Zahlungsmitteln;

Einnahme: Erhöhung des Netto-Geldvermögens; Einnahmen sind damit Einzahlungen, Zugänge kurzfristiger Forderungen und Abgänge kurzfristiger Verbindlichkeiten – letzteren stehen entsprechende Güterflüsse gegenüber;

Leistungen: nach betrieblichen Vorschriften ermittelter Wertezuwachs;

Erträge: nach gesetzlichen Vorschriften ermittelter Wertezuwachs.

Die verschiedenen Begriffe wirken sich somit auf folgende Vermögen aus:

Auszahlungen/Einzahlungen:	Kassenvermögen
Ausgabe/Einnahme:	Geldvermögen
Kosten/Leistungen:	betriebsnotwendiges Vermögen
Aufwendungen/Erträge:	Gesamtvermögen

Wichtig:

Auszahlungen/Einzahlungen:	Kassenvermögen
Ausgabe/Einnahme:	Geldvermögen
Kosten/Leistungen:	betriebsnotwendiges Vermögen
Aufwendungen/Erträge:	Gesamtvermögen

Um die begrifflichen Unterschiede zu verdeutlichen, werden im folgenden Schritt Beispiele für diese Unterschiede genannt.

Ausgaben, die keine Auszahlungen sind: Eingang von Warenbeständen gegen Rechnung => das Netto-Geldvermögen sinkt, das Kassenvermögen bleibt gleich!

Auszahlungen, die keine Ausgaben sind: Bezahlung einer Rechnung => das Netto-Geldvermögen sinkt, das Kassenvermögen bleibt gleich!

Auszahlung, die kein Aufwand ist: Kauf einer Maschine => das Kassenvermögen sinkt, das Gesamtvermögen bleibt gleich (die Maschine sei zu aktivieren, sodass in der Bilanz nur ein Aktivtausch stattfindet)

Aufwand, der keine Auszahlung ist: Abschreibung einer Maschine => das Kassenvermögen bleibt unverändert, während die Abschreibung als Aufwand das Gesamtvermögen mindert

Aufwand, der keine Kosten ist: Spende an das Deutsche Rote Kreuz => das Gesamtvermögen sinkt, es ist aber kein betrieblicher Hintergrund erkennbar, sodass es sich nicht um Kosten handelt

Kosten, die kein Aufwand sind: kalkulatorische Miete für die vom Eigentümer ohne Miete bereitgesellte Lagerhalle: kein Aufwand, da die Lagerhalle im Privatbesitz des Eigentümers ist, betriebliche Kosten, da ein Werteverzehr für den Betrieb stattfindet

2.4.1 Statische Investitionsrechenverfahren

2.4.1.1 Einführung

Es lassen sich vier Verfahren der statischen Investitionsrechenverfahren unterscheiden:

- Kostenvergleichsrechnung
- Gewinnvergleichsrechnung
- Rentabilitätsvergleichsrechnung
- Amortisationsrechnung

Kosten-, Gewinn- und Rentabilitätsvergleichsrechnung basieren alle auf der Betrachtung einer Durchschnittsperiode. Dagegen wird bei der (statischen) Amortisationsrechnung der genaue Zeitpunkt der zukünftigen Zahlungen abgeschätzt und berücksichtigt.

Generell werden die folgenden Faktoren in der statischen Investitionsrechnung berücksichtigt:

- Umsatz
- Fixkosten
- Variable Kosten
- Kalkulatorische Abschreibungen
- Kalkulatorische Zinsen

2.4.1.1.1 Kalkulatorische Zinsen

Wie alle Zukunftsbetrachtungen tragen auch die statischen Investitionsrechenverfahren die Unsicherheit über die zu erwarteten Ergebnisse in sich. Dieses Risiko lässt sich grundsätzlich nie ausschließen, allerdings lässt es sich über entsprechende kalkulatorische Werte in die statische Investitionsrechnung einbeziehen. Dies erfolgt über die kalkulatorischen Zinsen. Die kalkulatorischen Zinsen sind grundsätzlich dafür gedacht, die Kosten für das eingesetzte Kapital in die Kalkulation einzubeziehen. Sie stellen entsprechend einen Mischsatz zwischen den Kosten für das Fremdkapital und den kalkulatorischen Kosten für das Eigenkapital dar!

Wichtig:

Die kalkulatorischen Zinsen sind grundsätzlich dafür gedacht, die Kosten für das eingesetzte Kapital in die Kalkulation einzubeziehen. Sie stellen entsprechend einen Mischsatz zwischen den Kosten für das Fremdkapital und den kalkulatorischen Kosten für das Eigenkapital dar!

Die Kosten für das Fremdkapital lassen sich grundsätzlich dem Rechnungswesen entnehmen. Nur dann, wenn für Fremdkapital nicht ein „realer" Zinssatz gezahlt wird, ist eine Korrektur vorzunehmen.

Beispiel:

Gesellschafter A gibt seiner Gesellschaft A-GmbH einen Kredit über 1 Mio. € zu einem Zinssatz von 2%. Marktüblich wären 5% Zinssatz. Für kalkulatorische Zwecke werden entsprechend Fremdkapitalkosten von 1 Mio. € x 5% = 50.000 € statt 1 Mio. € x 2% = 20.000 € berücksichtigt.

Wichtig:

Die Kosten für das Fremdkapital lassen sich grundsätzlich dem Rechnungswesen entnehmen. Nur dann, wenn für Fremdkapital nicht ein „realer" Zinssatz gezahlt wird, ist eine Korrektur vorzunehmen.

Während die Kosten für das Fremdkapital in der Regel direkt aus dem Rechnungswesen ermittelt werden können, gibt es solche Daten für die Eigenkapitalkosten nicht. Diese sind grundsätzlich individuell zu ermitteln.

Für börsennotierte Unternehmen werden die Eigenkapitalkosten häufig aus Kapitalmarktmodellen abgeleitet, insbesondere dem Capital Asset Pricing Model (CAPM). Nicht-börsennotierten Unternehmen ist dieser Weg versagt. Zudem weisen diese Modelle auch zahlreiche Nachteile auf, auf die wir hier aber nicht im Einzelnen eingehen müssen. Grundsätzlich sind die Eigenkapitalkosten vom Unternehmen ohne externe Hilfe zu ermitteln, es bietet sich hier etwa die Befragung der Eigenkapitalgeber an, um deren Renditeerwartung zu ermitteln.

> Beispiel:
>
> Unternehmen A-GmbH befragt die Gesellschaft B, C und D über deren Renditeerwartung. Diese wird mit 10% angegeben. A verwendet für die kalkulatorischen Eigenkapitalkosten entsprechend einen Zinssatz von 10%.

Da eine direkte Zuordnung von Kapital zu Investitionsobjekten nicht möglich ist, erfolgt die Berechnung der kalkulatorischen Zinsen grundsätzlich über einen Mischsatz:

$$\text{Kalkulatorische Zinsen} = \frac{Eigenkapital}{Gesamtkapital} \times \text{kalkulatorische Eigenkapitalkosten} + \frac{Fremdkapital}{Gesamtkapital} \times \text{kalkulatorische Fremdkapitalkosten}$$

> Beispiel:
>
> Unternehmen A-GmbH hat ein Gesamtkapital von 10 Mio. €, davon 3 Mio. € Eigenkapital und 7 Mio. € Fremdkapital. Die kalkulatorischen Eigenkapitalkosten betragen 10%, die kalkulatorischen Fremdkapitalkosten 3%. Die kalkulatorischen Zinsen ergeben sich wie folgt:
>
> $$\text{Kalkulatorische Zinsen} = \frac{3\ Mio.€}{10\ Mio.€} \times 10\% + \frac{7\ Mio.€}{10\ Mio.€} \times 3\% = 5,1\%$$

Oben wurde bereits die Unsicherheit über zukünftige Zahlungen angesprochen. Diese lässt sich zusätzlich über die kalkulatorischen Zinsen einpreisen. Je unsicherer zukünftige Zahlungen sind, umso höher müssen die kalkulatorischen Zinsen sein!

Beispiel:

Die A-GmbH kann in zwei unterschiedliche Investitionsobjekte Y oder Z investieren, die folgende Zahlungsreihen erwarten lassen:

	Y	Z
Jahr 0	-100	-100
Jahr 1	30	10-50
Jahr 2	30	20-40
Jahr 3	30	20-80
Jahr 4	30	20-50

Während Y konstante Zahlungen erwarten lässt ohne Risiko von Abweichungen, ist Z weitaus risikoreicher. Hier ist die Spannbreite der Zahlungserwartungen – beispielsweise je nach Konjunkturverlauf – sehr groß. Werden immer nur die unteren Werte der Spannbreiten erreicht, schließt die Gesamtinvestition sogar mit einem Verlust ab, während bei Erreichen der oberen Bandbreite ein hoher Gewinn erwirtschaftet werden könnte.

Y könnte etwa eine Bundesanleihe sein, während Z eine Investition in ein neues Produkt ist.

A-GmbH verändert die oben kalkulierten kalkulatorischen Zinsen für Z von 5,1% auf 10%, um die höhere Unsicherheit einzupreisen. Für Y wird hingegen mit 5,1% kalkuliert.

In den statischen Investitionsrechenverfahren wird mit Durchschnittswerten gearbeitet. Entsprechend muss der kalkulatorische Zins auf das durchschnittlich gebundene Kapital in einem Investitionsobjekt bezogen werden:

Kalkulatorische Zinsen = kalkulatorischer Zinssatz x
durchschnittlich gebundenes Kapital

Dabei wird das durchschnittlich gebundene Kapital wie folgt kalkuliert:

Durchschnittlich gebundenes Kapital = $\frac{Investitionsauszahlung + Restwert}{2}$

Wichtig:

Kalkulatorische Zinsen = kalkulatorischer Zinssatz x
durchschnittlich gebundenes Kapital

Durchschnittlich gebundenes Kapital = $\frac{Investitionsauszahlung + Restwert}{2}$

Grafisch lässt sich dies wie folgt zeigen:

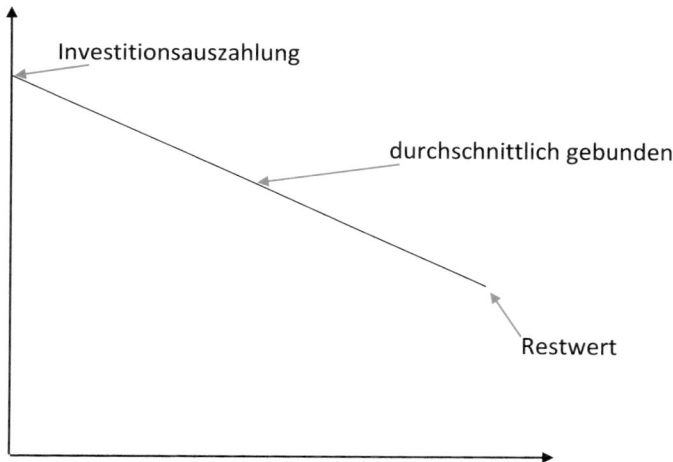

Beispiel:

Für eine Maschine wird eine Investitionsauszahlung von 10 Mio. € erwartet. Nach Nutzung über 5 Jahre erwartet das Unternehmen einen Restwert der Maschine von 2 Mio. €.

Das durchschnittlich gebundene Kapital ist $\frac{10\ Mio.\ €+2\ Mio.€}{2}$ = 6 Mio. €

2.4.1.1.2 Kalkulatorische Abschreibungen

Kalkulatorische Abschreibungen dienen der Verteilung der Investitionsauszahlung über die Nutzungsdauer des Investitionsgutes.

Die kalkulatorischen Abschreibungen der Investitionsrechnung sind nicht zu verwechseln mit den kalkulatorischen Abschreibungen der Kosten- und Leistungsrechnung! Letztere dienen der periodengerechten Ermittlung des Ergebnisses. Hierfür ist die Abschreibungsmethode von besonderer Wichtigkeit, d. h. ob das Investitionsobjekt linear, degressiv, leistungsabhängig usw. abgeschrieben wird. Für die kalkulatorische Abschreibung der Investitionsrechnung spielt die Abschreibungsmethode keine Rolle. Egal wie in der Kosten- und Leistungsrechnung oder dem externen Rechnungswesen oder dem Steuerrecht abgeschrieben wird, über die Totalperiode ist der gesamte Abschreibungsbetrag für die Investitionsrechnung identisch. Da eine Durchschnittsbetrachtung stattfindet, ist es unerheblich, wie tatsächlich in den einzelnen Perioden abgeschrieben wird. Im Durchschnitt beträgt der Abschreibungsbetrag:

Kalkulatorische Abschreibung = $\dfrac{Anschaffungsbetrag-Restwert}{Nutzungsdauer}$

Grafisch lässt sich dies wie folgt zeigen:

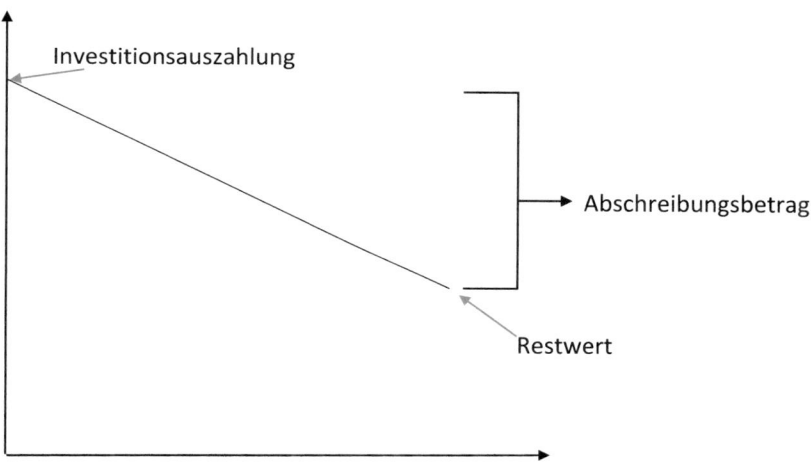

Beispiel:

Für eine Maschine wird eine Investition von 10 Mio. € getätigt. Der Restwert nach 5 Jahren Nutzungsdauer wird mit 0 € erwartet. Die kalkulatorische Abschreibung ergibt sich wie folgt:

Kalkulatorische Abschreibung = $\frac{10\ Mio.€ - 0\ Mio.€}{5\ Jahre}$ = 2 Mio. €/Jahr

Hinweis:

Fälschlicherweise wird häufig gesagt, dass bei der statischen Investitionsrechnung die lineare Abschreibung vorausgesetzt wird. Dies ist falsch! Es kommt bei der kalkulatorischen Abschreibung der Investitionsrechnung rechnerisch das gleiche Ergebnis heraus wie bei der linearen Abschreibung. Es handelt sich aber nicht um die lineare Abschreibung, sondern um eine Durchschnittsbetrachtung!

Hinweis:

Wenn in Klausuraufgaben von einer bestimmten Abschreibungsmethode, beispielsweise der degressiven Abschreibung, die Rede ist, die in der Kosten- und

Leistungsrechnung oder dem externen Rechnungswesen verwendet wird, hat dies keine Auswirkung auf das Vorgehen in der statischen Investitionsrechnung!

2.4.1.1.3 Fixe und variable Kosten

Die statischen Investitionsrechenverfahren unterscheiden zwischen fixen und variablen Kosten. Daneben könnten auch sprungfixe Kosten genannt werden. Folgende Bedeutungen haben diese Begriffe:

- fixe Kosten sind konstant – unabhängig von der Produktionsmenge. Hierzu zählt etwa das Geschäftsführergehalt;
- sprungfixe Kosten sind in einem bestimmten Intervall der Produktionsmenge konstant, springen aber zu einem nächsten konstanten Wert, wenn die Produktionsmenge das nächste Intervall erreicht;

Beispiel:

Eine Maschine hat eine Produktionskapazität von 100.000 Stück. Für diese fallen fixe Kosten von 1 Mio. €/Jahr an. Im Intervall von 0 bis 100.000 Stück betragen die sprungfixen Kosten 1 Mio. €/Jahr. Wird die Produktionskapazität aufgrund hoher Nachfrage erhöht und eine zweite Maschine angeschafft, so steigen die sprungfixen Kosten auf 2 x 1 Mio. €/Jahr = 2 Mio. €/Jahr usw.

- variable Kosten verändern sich direkt mit der Produktionsmenge. Bei 0 Produktionsmenge fallen keine Kosten an, sie gesamten variablen Kosten steigen mit steigender Produktionsmenge an.

Es ergeben sich folgende Gesamtkosten:

Gesamtkosten = Fixkosten + sprungfixe Kosten/Intervall + variable Stückkosten x Ausbringungsmenge

Wichtig:	
Gesamtkosten =	Fixkosten + sprungfixe Kosten/Intervall + variable Stückkosten x Ausbringungsmenge

Beispiel:

Für das Produkt A fallen folgende Kosten an: Fixkosten: 100.000 €, variable Kosten 6 €/Stück. Folgende Gesamtkosten ergeben sich:

100.000 € + 6 €/Stück x Ausbringungsmenge

Bei einer Ausbringungsmenge von … ergeben sich Gesamtkosten von …

1.000	106.000
10.000	160.000
50.000	400.000
100.000	700.000
500.000	3.100.000

Fixen Kosten ist immanent, dass die gesamten fixen Kosten pro Produktionseinheit mit steigender Produktionsmenge sinken. Dagegen bleiben die gesamten variablen Kosten pro Stück bei konstanten variablen Stückkosten konstant. In der Summe sinken die Stückkosten (variable zuzüglich fixe!) mit steigender Produktionsmenge!

Grafisch lässt sich dies wie folgt zeigen:

Stückkosten

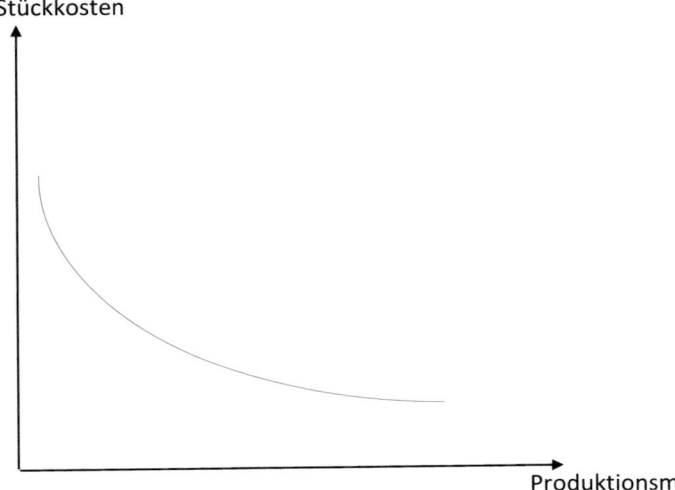

Produktionsmenge

Bei einer Produktionsmenge von Null ergeben sich Stückkosten von +∞. Mit steigender Produktionsmenge sinken die Stückkosten ab, um dann fast konstant zu bleiben – bei hohen Produktionsmengen sinkt der Anteil der Fixkosten an den Gesamtkosten entsprechend ab.

Beispiel (fortgesetzt):

Für das Produkt A fallen folgende Kosten an: Fixkosten: 100.000 €, variable Kosten 6 €/Stück. Folgende Gesamtkosten ergeben sich:

100.000 € + 6 €/Stück x Ausbringungsmenge

Bei einer Ausbringungsmenge von ... ergeben sich Gesamtkosten von ... und Stückkosten von ...

Ausbringungsmenge	Gesamtkosten	Stückkosten
1	100.006	100.006,00
10	100.060	10.006,00
100	100.600	1.006,00

1.000	106.000	106,00
10.000	160.000	16,00
50.000	400.000	8,00
100.000	700.000	7,00
500.000	3.100.000	6,20
1.000.000	6.100.000	6,10

Es zeigt sich an dem Beispiel, wie stark die Stückkosten mit steigender Produktionsmenge sinken. Bei 1.000.000 Stück haben die Fixkosten pro Stück nahezu keinen Effekt mehr.

Hinweis:

Dies ist ein Beispiel, mit dem der Effekt von Stückkosten gezeigt werden soll. In der Praxis ist der Anteil der Fixkosten bzw. der sprungfixen Kosten weitaus höher.

2.4.1.2 Kostenvergleichsrechnung

Die Kostenvergleichsrechnung ist das statische Investitionsrechenverfahren, das eingesetzt wird, wenn die Kosten weitestgehend unabhängig von den Erträgen anfallen. Es basiert – wie der Name schon sagt – auf einem Vergleich der Kosten verschiedener Investitionsalternativen. Erträge werden dabei komplett ignoriert.

Zu wählen ist die Investitionsalternative, bei der weniger Kosten entstehen.

Wichtig:

Zu wählen ist bei der statischen Kostenvergleichsrechnung die Investitionsalternative, bei der weniger Kosten entstehen.

Beispiel:

Es stehen zwei Investitionsalternativen zur Verfügung, die folgende Daten aufweisen:

in €	A	B
Investitionsauszahlung	1.000.000	1.000.000
Fixe Kosten	200.000	300.000
Variable Stückkosten	6	4
Kapazität in Stück	80.000	100.000
Nutzungsdauer in Jahren	5	5

Der kalkulatorische Zinssatz beträgt 8%. Der erwartete Restwert 0 €. Es werden 40.000 Produktionsmenge pro Jahr erwartet. Welche Investitionsalternative sollte gewählt werden?

Lösung:

in €	A	B
Fixe Kosten	200.000	300.000
Variable Kosten	240.000	160.000
Kalkulatorische Abschreibungen	200.000	200.000
Kalkulatorische Zinsen	40.000	40.000
Gesamtkosten	680.000	700.000

Es sollte nach der statischen Kostenvergleichsrechnung Alternative A gewählt werden!

Hinweis:

Variable Kosten A: 40.000 Stück x 6 €/Stück = 240.000 €, Variable Kosten B: 40.000 Stück x 4 €/Stück = 160.000 €

Kalkulatorische Abschreibungen = $\frac{1.000.000\ € - 0\ €}{5\ Jahre}$ = 200.000 €/Jahr

$$\text{Kalkulatorische Zinsen} = \frac{1.000.000\ \text{€} + 0\text{€}}{2} \times 8\% = 40.000\ \text{€}$$

Das Beispiel zeigt den Idealfall, wenn die Investitionsalternativen nahezu die gleichen Bedingungen aufweisen. Auch hier könnte aber eine Veränderung der Voraussetzungen das Ergebnis verändern. Angenommen, die erwartete Produktionsmenge beträgt 70.000 Stück. In diesem Fall ändert sich die Lösung wie folgt:

Lösung:

in €	A	B
Fixe Kosten	200.000	300.000
Variable Kosten	420.000	280.000
Kalkulatorische Abschreibungen	200.000	200.000
Kalkulatorische Zinsen	40.000	40.000
Gesamtkosten	860.000	820.000

Es sollte nach der statischen Kostenvergleichsrechnung nun Alternative B gewählt werden!

Hinweis:

Variable Kosten A: 70.000 Stück x 6 €/Stück = 420.000 €, Variable Kosten B: 70.000 Stück x 4 €/Stück = 280.000 €

$$\text{Kalkulatorische Abschreibungen} = \frac{1.000.000\ \text{€} - 0\ \text{€}}{5\ \text{Jahre}} = 200.000\ \text{€/Jahr}$$

$$\text{Kalkulatorische Zinsen} = \frac{1.000.000\ \text{€} + 0\text{€}}{2} \times 8\% = 40.000\ \text{€}$$

Selbst in diesem einfach gehaltenen Beispiel gibt es somit entsprechend direkt Probleme hinsichtlich der Investitionsentscheidung. Wenn mehr Faktoren geändert werden, zeigen sich die Probleme noch deutlicher.

Beispiel:

Es stehen zwei Investitionsalternativen zur Verfügung, die folgende Daten aufweisen:

in €	A	B
Investitionsauszahlung	1.200.000	1.000.000
Fixe Kosten	150.000	300.000
Variable Stückkosten	6	4
Kapazität in Stück	80.000	100.000
Nutzungsdauer in Jahren	5	5

Der kalkulatorische Zinssatz beträgt 8%. Der erwartete Restwert 0 €. Es werden 40.000 Produktionsmenge pro Jahr erwartet. Welche Investitionsalternative sollte gewählt werden?

Lösung:

in €	A	B
Fixe Kosten	150.000	300.000
Variable Kosten	240.000	160.000
Kalkulatorische Abschreibungen	240.000	200.000
Kalkulatorische Zinsen	48.000	40.000
Gesamtkosten	678.000	700.000

Es sollte nach der statischen Kostenvergleichsrechnung Alternative A gewählt werden!

Hinweis:

Variable Kosten A: 40.000 Stück x 6 €/Stück = 240.000 €, Variable Kosten B: 40.000 Stück x 4 €/Stück = 160.000 €

Kalkulatorische Abschreibungen A = $\frac{1.200.000\ €-0\ €}{5\ Jahre}$ = 240.000 €/Jahr

$$\text{Kalkulatorische Abschreibungen B} = \frac{1.000.000\ €-0\ €}{5\ Jahre} = 200.000\ €/\text{Jahr}$$

$$\text{Kalkulatorische Zinsen A} = \frac{1.200.000\ €+0€}{2} \times 8\% = 48.000\ €$$

$$\text{Kalkulatorische Zinsen B} = \frac{1.000.000\ €+0€}{2} \times 8\% = 40.000\ €$$

Die Entscheidung fällt nach der statischen Kostenvergleichsrechnung für A aus, da die Gesamtkosten niedriger sind. Allerdings ist die Entscheidung nur mathematisch auf den ersten Blick eindeutig. Tatsächlich werden in Investitionsalternative A 200.000 € Kapital mehr gebunden als in B. Das Unternehmen könnte mit diesem Betrag bei Entscheidung für B entsprechend alternative Anlageentscheidungen treffen. Wenn beispielsweise eine Geldanlage mit einer Rendite von 12% gefunden würde, so würde daraus ein jährlicher Gewinn von 12% x 200.000 € = 24.000 € erwirtschaftet. Abzüglich 700.000 € Gesamtkosten von B ergibt sich damit ein Saldo von -676.000 €. B wäre besser als A! Es müssen somit weitaus mehr Faktoren in die Entscheidung einbezogen werden als nur die der Investitionen selbst!

Es könnten an dieser Stelle auch noch andere Daten angepasst werden, um Probleme zu zeigen, etwa die Nutzungsdauer der Investitionsalternativen. Diese würden weitere Probleme aufzeigen. Allerdings kann hier darauf verzichtet werden, da die Einschränkungen der Kostenvergleichsrechnung bereits deutlich wurden.

> Wichtig:
>
> Die statische Kostenvergleichsrechnung gibt nur bei Idealbedingungen eindeutige Lösungen. Unabhängig von den Grundproblemen der statischen Investitionsrechnung wie der Durchschnittsbetrachtung ist sie somit nur sehr eingeschränkt einsetzbar.

2.4.1.3 Gewinnvergleichsrechnung

Die Gewinnvergleichsrechnung ist das statische Investitionsrechenverfahren, das eingesetzt wird, wenn die Kosten nicht unabhängig von den Erträgen anfallen. Es basiert – wie der Name schon sagt – auf einem Vergleich der Gewinne verschiedener Investitionsalternativen.

Zu wählen ist die Investitionsalternative, bei der mehr Gewinn entsteht.

Hinweis:

Der Gewinn der statischen Gewinnvergleichsrechnung ist nicht der umgangssprachlich gemeinte Gewinn. Gewinn hier ist der Übergewinn über die Mindestrendite hinaus! Die kalkulatorischen Zinsen enthalten bereits den Renditeanspruch, sodass Gewinn tatsächlich den Übergewinn darstellt!

Beispiel:

Es stehen zwei Investitionsalternativen zur Verfügung, die folgende Daten aufweisen:

in €	A	B
Investitionsauszahlung	1.000.000	1.000.000
Fixe Kosten	200.000	300.000
Variable Stückkosten	6	5
Kapazität in Stück	80.000	100.000
Nutzungsdauer in Jahren	5	5

Der kalkulatorische Zinssatz beträgt 8%. Der erwartete Restwert 0 €. Es werden 60.000 Produktionsmenge pro Jahr erwartet. Der Absatzpreis beträgt 15 €. Welche Investitionsalternative sollte gewählt werden?

Lösung:

in €	A	B
Umsatz	900.000	900.000
Fixe Kosten	200.000	300.000
Variable Kosten	360.000	300.000
Kalkulatorische Abschreibungen	200.000	200.000
Kalkulatorische Zinsen	40.000	40.000
Gesamtkosten	800.000	840.000
Gewinn	100.000	60.000

Es sollte nach der statischen Gewinnvergleichsrechnung Alternative B gewählt werden!

Hinweis:

Umsatz A und B: 60.000 Stück x 15 €/Stück = 900.000 €

Variable Kosten A: 60.000 Stück x 6 €/Stück = 360.000 €, Variable Kosten B: 60.000 Stück x 5 €/Stück = 300.000 €

Kalkulatorische Abschreibungen = $\frac{1.000.000\ €-0\ €}{5\ Jahre}$ = 200.000 €/Jahr

Kalkulatorische Zinsen = $\frac{1.000.000\ €+0€}{2}$ x 8% = 40.000 €

Das Beispiel zeigt den Idealfall, wenn die Investitionsalternativen nahezu die gleichen Bedingungen aufweisen. Auch hier könnte aber eine Veränderung der Voraussetzungen das Ergebnis verändern. Angenommen, die erwartete Produktionsmenge beträgt 100.000 Stück. In diesem Fall ändert sich die Lösung wie folgt:

Lösung:

in €	A	B
Umsatz	1.200.000	1.500.000
Fixe Kosten	200.000	300.000
Variable Kosten	480.000	500.000
Kalkulatorische Abschreibungen	200.000	200.000
Kalkulatorische Zinsen	40.000	40.000
Gesamtkosten	920.000	1.040.000
Gewinn	280.000	460.000

Es sollte nach der statischen Gewinnvergleichsrechnung Alternative B gewählt werden!

Hinweis:

Umsatz A: 80.000 Stück x 15 €/Stück = 1.200.000 €

Umsatz B: 100.000 Stück x 15 €/Stück = 1.500.000 €

Variable Kosten A: 80.000 Stück x 6 €/Stück = 480.000 €, Variable Kosten B: 100.000 Stück x 5 €/Stück = 500.000 €

Kalkulatorische Abschreibungen = $\frac{1.000.000\ €-0\ €}{5\ Jahre}$ = 200.000 €/Jahr

Kalkulatorische Zinsen = $\frac{1.000.000\ €+0€}{2}$ x 8% = 40.000 €

Wie bei der Kostenvergleichsrechnung gibt es auch hier selbst in diesem einfach gehaltenen Beispiel Probleme hinsichtlich der Investitionsentscheidung. Wenn mehr Faktoren geändert werden, zeigen sich die Probleme noch deutlicher.

Beispiel:

Es stehen zwei Investitionsalternativen zur Verfügung, die folgende Daten aufweisen:

in €	A	B
Investitionsauszahlung	1.200.000	1.000.000
Fixe Kosten	150.000	300.000
Variable Stückkosten	6	4
Kapazität in Stück	100.000	80.000
Nutzungsdauer in Jahren	5	5

Der kalkulatorische Zinssatz beträgt 8%. Der erwartete Restwert 0 €. Es werden
100.000 Absatzmenge pro Jahr erwartet mit einem Absatzpreis von 15 €. Welche Investitionsalternative sollte gewählt werden?

Lösung:

in €	A	B
Umsatz	1.500.000	1.200.000
Fixe Kosten	150.000	300.000
Variable Kosten	600.000	320.000
Kalkulatorische Abschreibungen	240.000	200.000
Kalkulatorische Zinsen	48.000	40.000
Gesamtkosten	1.038.000	860.000
Gewinn	462.000	340.000

Es sollte nach der statischen Gewinnvergleichsrechnung Alternative A gewählt
werden!

Hinweis:

Umsatz A: 100.000 Stück x 15 €/Stück = 1.500.000 €

Umsatz B: 80.000 Stück x 15 €/Stück = 1.200.000 €

Variable Kosten A: 100.000 Stück x 6 €/Stück = 600.000 €, Variable Kosten B: 80.000 Stück x 4 €/Stück = 320.000 €

Kalkulatorische Abschreibungen A = $\frac{1.200.000\ € - 0\ €}{5\ Jahre}$ = 240.000 €/Jahr

Kalkulatorische Abschreibungen B = $\frac{1.000.000\ € - 0\ €}{5\ Jahre}$ = 200.000 €/Jahr

Kalkulatorische Zinsen A = $\frac{1.200.000\ € + 0€}{2}$ x 8% = 48.000 €

Kalkulatorische Zinsen B = $\frac{1.000.000\ € + 0€}{2}$ x 8% = 40.000 €

Die Entscheidung fällt nach der statischen Gewinnvergleichsrechnung für A aus, da der Gewinn höher ist. Allerdings ist die Entscheidung nur mathematisch auf den ersten Blick eindeutig. Tatsächlich werden in Investitionsalternative A 200.000 € Kapital mehr gebunden als in B. Das Unternehmen könnte mit diesem Betrag bei Entscheidung für B entsprechend alternative Anlageentscheidungen treffen. Zudem ist das Risiko des Verfehlens der Prognose bei A schwerwiegender als bei B, da die Kapazität von B niedriger ist. Bei 20% weniger Absatz wäre B noch immer ausgelastet, während A freie Kapazitäten hätte. Es müssen somit weitaus mehr Faktoren in die Entscheidung einbezogen werden als nur die der Investitionen selbst!

Wichtig:

Auch die statische Gewinnvergleichsrechnung gibt nur bei Idealbedingungen eindeutige Lösungen. Unabhängig von den Grundproblemen der statischen Investitionsrechnung wie der Durchschnittsbetrachtung ist sie somit nur sehr eingeschränkt einsetzbar.

2.4.1.4 Rentabilitätsvergleichsrechnung

Die Rentabilitätsvergleichsrechnung basiert grundsätzlich auf der Gewinnvergleichsrechnung, hat aber als Ziel die Berechnung der Rentabilität und nicht nur des Gewinns. Zudem werden die kalkulatorischen Zinsen nicht einbezogen, da sie bereits einen Renditeanteil enthalten.

Beispiel:

Es stehen zwei Investitionsalternativen zur Verfügung, die folgende Daten aufweisen:

in €	A	B
Investitionsauszahlung	1.000.000	1.200.000
Fixe Kosten	400.000	300.000
Variable Stückkosten	6	5
Kapazität in Stück	80.000	100.000
Nutzungsdauer in Jahren	5	5

Der kalkulatorische Zinssatz beträgt 8%. Der erwartete Restwert 0 €. Es werden 80.000 Absatzmenge pro Jahr erwartet. Der Absatzpreis beträgt 15 €. Welche Investitionsalternative sollte gewählt werden?

Lösung:

in €	A	B
Umsatz	1.200.000	1.200.000
Fixe Kosten	400.000	300.000
Variable Kosten	480.000	400.000
Kalkulatorische Abschreibungen	200.000	240.000
Gesamtkosten	1.080.000	940.000
Gewinn nach Rentabilitätsvergleichsrechnung	120.000	260.000
Rentabilität	24%	43%

Es sollte nach der statischen Rentabilitätsvergleichsrechnung Alternative A gewählt werden!

Hinweis:

Umsatz A und B: 80.000 Stück x 15 €/Stück = 1.200.000 €

Variable Kosten A: 80.000 Stück x 6 €/Stück = 480.000 €, Variable Kosten B: 80.000 Stück x 5 €/Stück = 400.000 €

Kalkulatorische Abschreibungen A = $\dfrac{1.000.000\ € - 0\ €}{5\ Jahre}$ = 200.000 €/Jahr

Kalkulatorische Abschreibungen B = $\dfrac{1.200.000\ € - 0\ €}{5\ Jahre}$ = 240.000 €/Jahr

Rentabilität A = $\dfrac{120.000\ €}{500.000\ €}$ = 24%

Rentabilität B = $\dfrac{260.000\ €}{600.000\ €}$ = 43%

In dem Beispiel sollte B gewählt werden, da es die höhere Rentabilität als A verspricht. Allerdings ist auch dieses Ergebnis nicht so eindeutig wie es das Zahlenbeispiel den Anschein erweckt. B erfordert durchschnittlich 100.000 € mehr gebundenes Kapital als A. Insofern kann durchschnittlich 100.000 € anderweitig anlegt werden, sofern die Entscheidung auf A fällt.

Wichtig:

Auch die statische Rentabilitätsrechnung kann nur im Idealfall eine klare Investitionsentscheidung bringen, wenn man von den Problemen der statischen Investitionsrechenverfahren allgemein absieht.

2.4.1.5 Statische Amortisationsrechnung

Die statische Amortisationsrechnung dient nicht zur Entscheidungsfindung wie die drei erstgenannten statischen Investitionsrechenverfahren. Sie ist vielmehr ein Risikomaß, das angibt, wie schnell das Kapital an das Unternehmen zurückfließt.

Im Gegensatz zu den drei oben genannten Verfahren der statischen Investitionsrechenverfahren basiert die statische Amortisationsrechnung nicht auf kalkulatorischen sowie Durchschnittsgrößen, sondern sie verwendet als einzige der statischen Investitionsrechenverfahren Zahlungsgrößen.

Grundsätzlich lässt sich aus der statischen Amortisationsrechnung keine Investitionsentscheidung ableiten. Es ist vielmehr ein Risikovergleich zwischen verschiedenen Investitionsalternativen, bei der man feststellen kann, welche risikoärmer ist.

Beispiel:

Aus zwei Investitionsalternativen werden folgende Zahlungen erwartet:

	A	B
Jahr 0	-200.000	-200.000
Jahr 1	+80.000	+20.000
Jahr 2	+60.000	+40.000
Jahr 3	+40.000	+60.000
Jahr 4	+20.000	+60.000
Jahr 5	+20.000	+10.000
Jahr 6	+20.000	+200.000

A bringt über die Totalperiode einen Überschuss von 40.000, B einen von 190.000. Allerdings erreicht A bereits nach 4 Jahren den Komplettrückfluss des investierten Kapitals (80.000+60.000+40.000+20.000 = 200.000), während B dies erst im sechsten Jahr gelingt (20.000+40.000+60.000+60.000+10.000 = 190.000 nach fünf Jahren!). Aus Risikogesichtspunkten ist A somit deutlich sicherer als B, während B höhere Überschüsse erzielt!

Häufig wird die statische Amortisationsrechnung als Ausschlusskriterium in den Entscheidungsprozess eingebunden. Sie entscheidet nicht über die tatsächliche Investitionsentscheidung, sondern schließt solche Investitionsalternativen aus, deren Amortisationsdauern zu hoch ist.

Beispiel:

Folgende Daten liegen für vier Investitionsalternativen vor:

	A	B	C	D
Gewinnvergleichsrechnung	+300	+200	+600	+900
Rentabilitätsvergleichsr.	26%	23%	38%	60%
Amortisationsrechnung	4,2 Jahre	5,9 Jahre	7 Jahre	7 Jahre

Die höchste Rentabilität und der höchste Gewinn werden bei den Investitions-alternativen C und D erzielt. Allerdings liegt hier auch die höchste Amortisationsdauer = höchstes Risiko von sieben Jahren vor.

Das Unternehmen könnte beispielsweise für die Investitionsentscheidung vorgeben:

„Zu wählen ist die Investition mit der höchsten Rentabilität, wobei die Amortisationsdauer maximal sechs Jahre betragen darf".

Damit wären C und D automatisch ausgeschlossen, da die Amortisationsdauer zu hoch ist.

Wichtig:

Die statische Amortisationsdauer ist ein Risikomaß, aber nicht alleinig für die Auswahl einer Investition geeignet!

2.4.2 Dynamische Investitionsrechenverfahren

Im Unterschied zu den statischen Investitionsrechenverfahren beziehen die Verfahren der dynamischen Investitionsrechenverfahren den Zeitwert des Geldes mit in die Betrachtung ein. Damit werden Zahlungen, die beispielsweise heute getätigt werden, mit solchen vergleichbar gemacht, die erst beispielsweise in einigen Jahren getätigt werden.

Dies wird über den Barwert vorgenommen. Der Barwert ergibt sich aus der(n) zukünftige(n) Zahlung(en), die auf den heutigen Tag abgezinst werden. Damit wird die Frage beantwortet: was ist eine Zahlung im Zeitpunkt t heute wert.

$$\text{Barwert} = \frac{Zahlung\ im\ Zeitpunkt\ t}{(1+i)^n}$$

Beispiel:

Ein Unternehmen erwartet in drei Jahren eine Zahlung von 200.000 €. Der Zinssatz für drei Jahre beträgt 3%. Der Barwert ergibt sich wie folgt:

$$\text{Barwert} = \frac{200.000\ €}{(1+3\%)^3} = 183.028\ €$$

Für das Unternehmen spielt es somit keine Rolle, ob es 200.000 € in drei Jahren oder 183.028 € jetzt erhält!

Alle Verfahren der dynamischen Investitionsrechnung beruhen auf dem Barwertgedanken.

2.4.2.1 Kapitalwertmethode

Bei der Kapitalwertmethode werden die Barwerte der einzelnen Zahlungen aus einer Investition – Aus- und Einzahlungen – aufsummiert und aus dem Ergebnis wird die Vorteilhaftigkeit der Investition abgeleitet.

Grundsätzlich gilt:

Ist der Kapitelwert über 0, so ist die Investition vorteilhaft und sollte getätigt werden.

Ist der Kapitalwert gleich 0, so hat eine Anlage in die Investition keine Vorteile, aber auch keine Nachteile.

Ist der Kapitalwert unter 0, so sollte die Investition nicht getätigt werden.

Erreichen mehrere Investitionsalternativen einen Kapitalwert über 0, so ist die mit dem höchsten Kapitalwert zu wählen.

Die Kapitalwertmethode löst die Probleme der statischen Investitionsrechenverfahren. Investitionsalternativen mit unterschiedlichen Investitionsauszahlungen, Nutzungsdauern usw. lassen sich hiermit eindeutig vergleichen.

Die allgemeine Formel für den Kapitalwert lautet:

$$\text{Kapitalwert} = \sum_{t=0}^{n} \frac{Z_t}{(1+i)^t}$$

mit: t = Zeitpunkt

n = Anzahl an Zeitpunkten

Z_t = Zahlung im Zeitpunkt t

i = Zinssatz

Beispiel:

Es kann zwischen zwei Investitionsalternativen A und B gewählt werden, die folgende Zahlungsströme versprechen:

	A	B
Jahr 0	-300.000	-200.000
Jahr 1	50.000	+90.000
Jahr 2	60.000	+80.000
Jahr 3	70.000	+70.000
Jahr 4	80.000	
Jahr 5	90.000	

Der Zinssatz beträgt für alle Laufzeiten konstant 3%.

Lösung:

Barwert A = -300.000 € + $\frac{50.000\ €}{(1+3\%)^1} + \frac{60.000\ €}{(1+3\%)^2} + \frac{70.000\ €}{(1+3\%)^3} + \frac{80.000\ €}{(1+3\%)^4} + \frac{90.000\ €}{(1+3\%)^5} =$
+17.873 €

Barwert B = -200.000 € + $\frac{90.000\ €}{(1+3\%)^1} + \frac{80.000\ €}{(1+3\%)^2} + \frac{70.000\ €}{(1+3\%)^3} = +26.846\ €$

B ist somit besser als A, da es einen höheren Kapitalwert erbringt!

Im Beispiel haben A und B unterschiedliche Anschaffungsauszahlungen (200.000 € und 300.000 €) und unterschiedliche Laufzeiten (3 Jahre und 5 Jahre). Ein direkter Vergleich ist gleichwohl möglich!

Beispiel:

Es kann zwischen zwei Investitionsalternativen A und B gewählt werden, die folgende Zahlungsströme versprechen:

	A	B
Jahr 0	-300.000	-200.000
Jahr 1	50.000	+90.000
Jahr 2	60.000	+80.000
Jahr 3	70.000	
Jahr 4	80.000	

Der Zinssatz beträgt für alle Laufzeiten konstant 3%.

Lösung:

Barwert A = -300.000 € + $\frac{50.000\ €}{(1+3\%)^1} + \frac{60.000\ €}{(1+3\%)^2} + \frac{70.000\ €}{(1+3\%)^3} + \frac{80.000\ €}{(1+3\%)^4} = -59.762\ €$

Barwert B = -200.000 € + $\frac{90.000\ €}{(1+3\%)^1} + \frac{80.000\ €}{(1+3\%)^2} = -37.214\ €$

In diesem Fall haben beide Alternativen einen negativen Kapitalwert. Beide Alternativen sind daher abzulehnen!

Neben der Abzinsung auf den heutigen Zeitpunkt ist natürlich auch die Aufzinsung auf einen späteren Zeitpunkt möglich. Hier wird die Frage gestellt, welcher Endwert aus einer Zahlungsreihe erwirtschaftet wird.

Der Endwert einer Zahlung Z ergibt sich wie folgt:

Endwert = $Z \times (1+i)^t$

mit: Z = Zahlung

i = Zinssatz

t = Zeitraum zwischen Zahlung und Endwert

Beispiel:

Ein Unternehmen legt heute einen Betrag von 100.000 € zu einem Zinssatz von 3% für 6 Jahre an. Welcher Betrag wird nach sechs Jahren ausgezahlt?

Endwert = 100.000 € $\times (1+3\%)^6$ = 119.405 €

Legt man einen konstanten Betrag jährlich an, so verändert sich die Endwertformel wie folgt:

Endwert = $Z \times \dfrac{(1+i)^n - 1}{i}$

mit: Z = konstanter Anlagebetrag

i = Zinssatz

n = Anzahl an Jahren

Beispiel:

Unternehmen A möchte jedes Jahr einen Betrag von 1 Mio. € anlegen, um nach zehn Jahren das dann entstandene Kapital für Investitionen zu nutzen. Das Kapital wird jährlich konstant mit 3% verzinst. Welches Endkapital steht nach zehn Jahren zur Verfügung?

Endwert = 1 Mio. € $\times \dfrac{(1+3\%)^{10} - 1}{3\%}$ = 11,46 Mio. €

Wie der Endwert bei konstanten Werten berechnet werden kann, so ist auch der Barwert kalkulierbar. Er ergibt sich nach folgender Formel:

$$\text{Barwert} = Z \times \frac{(1+i)^n - 1}{i \times (1+i)^n}$$

mit: Z = konstanter Anlagebetrag

i = Zinssatz

n = Anzahl an Jahren

Beispiel:

Ein Unternehmen muss jährlich für eine Schuld 1 Mio. € über einen Zeitraum von 20 Jahren zahlen. Berechnen Sie den Barwert bei einem Zinssatz von 3%!

$$\text{Barwert} = 1 \text{ Mio. } € \times \frac{(1+3\%)^{20} - 1}{3\% \times (1+3\%)^{20}} = 14{,}88 \text{ Mio. } €$$

Das Unternehmen müsste somit heute 14,88 Mio. € zu 3% anlegen, um jährlich 1 Mio. € zur Begleichung der Schuld zur Verfügung zu haben.

Letztlich ergibt sich eine Besonderheit bei einer konstanten Zahlung bis zur „Ewigkeit". Die oben genannte Kapitalwertformel vereinfacht sich in diesem Fall der „ewigen Rente" wie folgt:

$$\text{Barwert bei ewiger Rente} = \frac{Z}{i}$$

mit: Z = konstanter Zahlungsbetrag

i = Zinssatz

Beispiel:

Es wird eine Anleihe gekauft, die eine unendliche Zahlung von 100 € pro Jahr an Zinsen verspricht. Wie viele ist diese wert, wenn der Zinssatz 4% beträgt?

$$\text{Barwert bei ewiger Rente} = \frac{100 \text{ €}}{4\%} = 2.500 \text{ €}$$

Die Kapitalwertmethode ist einfach anwendbar und liefert eindeutige Ergebnisse. Allerdings weist auch sie Probleme auf. Zunächst wird immer ein einheitlicher Zinssatz für Haben und Soll verlangt, was eine Grundvoraussetzung des vollkommenen Kapitalmarkts ist, aber praktisch nicht vorliegt. Dadurch liefert sie mathematisch eindeutige Ergebnisse, deren praktische Umsetzbarkeit aber nur eingeschränkt möglich ist.

Zudem ist der Kapitalwert stark von den gewählten Zinssätzen abhängig. Eine geringe Verschiebung kann bereits die Aussage verändern und aus einem positiven Kapitalwert einen negativen machen. Aus diesem Grund sind grundsätzlich bei der Verwendung der Kapitalwertmethode die Annahmen sorgfältig zu prüfen und auf Auswirkungen hin zu analysieren.

Beispiel:

Es kann zwischen zwei Investitionsalternativen A und B gewählt werden, die folgende Zahlungsströme versprechen:

	A	B
Jahr 0	-300.000	-200.000
Jahr 1	70.000	+90.000
Jahr 2	80.000	+80.000
Jahr 3	90.000	+50.000
Jahr 4	100.000	

Der Zinssatz beträgt für alle Laufzeiten konstant 3%.

Lösung:

$$\text{Kapitalwert A} = -300.000\,€ + \frac{70.000\,€}{(1+3\%)^1} + \frac{80.000\,€}{(1+3\%)^2} + \frac{90.000\,€}{(1+3\%)^3} + \frac{100.000\,€}{(1+3\%)^4} = +14.580\,€$$

$$\text{Kapitalwert B} = -200.000\,€ + \frac{90.000\,€}{(1+3\%)^1} + \frac{80.000\,€}{(1+3\%)^2} + \frac{50.000\,€}{(1+3\%)^3} = +8.543\,€$$

In diesem Fall ist A vorzuziehen, da der Kapitalwert höher ist.

Nun steigt der Zins von 3% auf 5%. Welchen Effekt hat dies auf den Kapitalwert?

Lösung:

Kapitalwert A = -300.000 € + $\frac{70.000\ €}{(1+5\%)^1}$ + $\frac{80.000\ €}{(1+5\%)^2}$ + $\frac{90.000\ €}{(1+5\%)^3}$ + $\frac{100.000\ €}{(1+5\%)^4}$ = -755 €

Kapitalwert B = -200.000 € + $\frac{90.000\ €}{(1+5\%)^1}$ + $\frac{80.000\ €}{(1+5\%)^2}$ + $\frac{50.000\ €}{(1+5\%)^3}$ = +1.469 €

Nun dreht die Entscheidung auf B, da die höheren Zahlungsüberschüsse in der späteren Zukunft bei A einen stärker negativen Effekt auf den Kapitalwert haben!

Letztlich steigt der Zins auf 6%. Welchen Effekt hat dies?

Lösung:

Kapitalwert A = -300.000 € + $\frac{70.000\ €}{(1+6\%)^1}$ + $\frac{80.000\ €}{(1+6\%)^2}$ + $\frac{90.000\ €}{(1+6\%)^3}$ + $\frac{100.000\ €}{(1+6\%)^4}$ = -7.987 €

Kapitalwert B = -200.000 € + $\frac{90.000\ €}{(1+6\%)^1}$ + $\frac{80.000\ €}{(1+6\%)^2}$ + $\frac{50.000\ €}{(1+6\%)^3}$ = -1.914 €

Nun sind beide Investitionsalternativen abzulehnen, da der Kapitalwert negativ ist!

Letztlich stellt sich das Problem, dass der Kapitalwert nicht einfach verständlich ist. Während die statischen Investitionsrechenverfahren mit allgemein gebräuchlichen Begriffen wie Gewinn und Rentabilität arbeitet, ist dies bei der Kapitalwertmethode nicht der Fall. Sie ist insofern weitaus stärker erklärungsbedürftig als die statischen Investitionsrechenverfahren.

2.4.2.2 Annuitätenmethode

Die Annuitätenmethode wandelt den Kapitalwert der Kapitalwertmethode in jährliche Annuitäten um. Dabei wird der Kapitalwert mit folgender Formel in die Annuität umgewandelt:

Annuität = Kapitalwert x $\frac{(1+i)^n \ x \ (i-1)}{(1+i)^n - 1}$

Beispiel:

Es kann zwischen zwei Investitionsalternativen A und B gewählt werden, die folgende Zahlungsströme versprechen:

	A	B
Jahr 0	-300.000	-200.000
Jahr 1	50.000	+90.000
Jahr 2	60.000	+80.000
Jahr 3	70.000	+70.000
Jahr 4	80.000	
Jahr 5	90.000	

Der Zinssatz beträgt für alle Laufzeiten konstant 3%.

Lösung:

Kapitalwert A $= -300.000\ € + \frac{50.000\ €}{(1+3\%)^1} + \frac{60.000\ €}{(1+3\%)^2} + \frac{70.000\ €}{(1+3\%)^3} + \frac{80.000\ €}{(1+3\%)^4} + \frac{90.000\ €}{(1+3\%)^5} =$
$+17.873\ €$

Kapitalwert B $= -200.000\ € + \frac{90.000\ €}{(1+3\%)^1} + \frac{80.000\ €}{(1+3\%)^2} + \frac{70.000\ €}{(1+3\%)^3} = +26.846\ €$

Annuität A = Kapitalwert $x\ \frac{(1+i)^n\ x\ (i-1)}{(1+i)^n-1} = 17.873\ € \ x\ \frac{(1+3\%)^5\ x\ (i-3\%)}{(1+3\%)^5-1} =$
$17.873\ € \ x\ 0,21835457 = 3.903\ €$

Annuität B = Kapitalwert $x\ \frac{(1+i)^n\ x\ (i-1)}{(1+i)^n-1} = 26.846\ € \ x\ \frac{(1+3\%)^3\ x\ (i-3\%)}{(1+3\%)^3-1} =$
$26.846\ € \ x\ 0,35353036 = 9.491\ €$

Die Annuität ist wie der Kapitalwert ein rechnerischer Wert, der natürlich wesentlich von den Prämissen abhängt, die der Anwender selbst wählt (Zahlungsüberschüsse, Zinssatz). Er hat gegenüber dem Kapitalwert aber einen Vorteil. Er kann als ein jährlicher „Gewinn" interpretiert werden, wodurch er einfacher verstanden werden kann als der Kapitalwert. Gewinn ist hier als Überschuss über die erwartete Mindestrendite gemeint, nicht als Gewinn im buchhalterischen Sinne!

2.4.3 Sonstige dynamische Investitionsrechenverfahren

2.4.3.1 Interne Zinsfußmethode

Die interne Zinsfußmethode versucht eine Schwäche der Kapitalwertmethode zu lösen, die, das keine Rentabilität, sondern ein Kapitalwert ermittelt wird. Zu diesem Zweck wird der Zinssatz ermittelt, bei dem der Kapitalwert exakt 0 ergibt:

$$\sum_{t=0}^{n} \frac{Z_t}{(1+ir)^t} = 0$$

mit: t = Zeitpunkt

n = Anzahl an Zeitpunkten

Z_t = Zahlung im Zeitpunkt t

ir = interner Zinsfuß

Mathematisch lässt sich diese Formel grundsätzlich lösen, allerdings ergeben sich immer n Lösungen, d. h. beispielsweise bei vier Jahren gibt es in der Regel mathematisch vier Lösungen usw. Unabhängig davon basiert die interne Zinsfußmethode aber auf einem entscheidenden Fehler. Es wird mathematisch unterstellt, dass alle Zwischengeldanlagen und -aufnahmen zum internen Zinsfuß erfolgen! Die interne Zinsfußmethode ergibt insofern nur eine scheingenaue Rentabilität.

2.4.3.2 Dynamische Amortisationsrechnung

Die dynamische Amortisationsrechnung hat die gleiche Vorgehensweise wie die statische Amortisationsrechnung. Es wird die Frage gestellt, wie schnell das eingesetzte Kapital zurückgeführt wird, allerdings nicht wie in der statischen Amortisationsrechnung mit absoluten Werten, sondern mit abgezinsten! Die Aussagen sind ansonsten vergleichbar mit der statischen Amortisationsrechnung.

Beispiel:

Aus zwei Investitionsalternativen werden folgende Zahlungen erwartet:

	A	B
Jahr 0	-200.000	-200.000
Jahr 1	+80.000	+20.000
Jahr 2	+60.000	+40.000
Jahr 3	+40.000	+60.000
Jahr 4	+20.000	+60.000
Jahr 5	+20.000	+10.000
Jahr 6	+20.000	+200.000

Es wird mit einem Zinssatz von 5% gerechnet. Wie lang ist die dynamische Investitionsrechnung?

Lösung:

Zunächst sind die Barwerte der einzelnen Zahlungen zu berechnen, indem die jeweilige Zahlung über die jeweilige Laufzeit abgezinst wird.

	A	B
Jahr 0	-200.000	-200.000
Jahr 1	+76.190	+19.048
Jahr 2	+54.421	+36.281
Jahr 3	+34.553	+51.830
Jahr 4	+16.454	+49.362
Jahr 5	+15.671	+ 7.835
Jahr 6	+14.924	+149.243

Beide Investitionen erreichen die dynamische Amortisation im sechsten Jahr!

3 Aufgaben

3.1 Aufgaben „Allgemeiner Teil"

Aufgabe 1

Welche Bereiche zählen zur Finanzwirtschaft?

Aufgabe 2

Wonach lassen sich Investitionen gliedern?

Aufgabe 3

Was ist eine Errichtungsinvestition?

Aufgabe 4

Was ist eine Ersatzinvestition?

Aufgabe 5

Was ist eine Rationalisierungsinvestition?

Aufgabe 6

Was ist eine Erweiterungsinvestition?

Aufgabe 7

Was ist eine Diversifikationsinvestition?

Aufgabe 8

Wie werden Investitionen im externen Rechnungswesen behandelt?

Aufgabe 9

Aus welchen Schritten besteht die Investitionsplanung?

Aufgabe 10

Welcher Zusammenhang besteht zwischen Investitionsrechnung und Finanzierung?

Aufgabe 11

Welche Arten von Investitionsrechenverfahren lassen sich allgemein unterscheiden?

Aufgabe 12

Was sind Auszahlungen?

Aufgabe 13

Was sind Ausgaben?

Aufgabe 14

Was sind Kosten?

Aufgabe 15

Was sind Aufwendungen?

Aufgabe 16

Was sind Einzahlungen?

Aufgabe 17

Was sind Einnahmen?

Aufgabe 18

Was sind Leistungen?

Aufgabe 19

Was sind Erträge?

Aufgabe 20

Auf welche jeweiligen Vermögensdefinitionen wirken sich Ein-/Auszahlungen, Einnahmen/Ausgaben, Leistungen/Kosten und Erträge/Aufwendungen aus?

Aufgabe 21

Nennen Sie ein Beispiel für Ausgaben, die keine Auszahlungen sind!

Aufgabe 22

Nennen Sie ein Beispiel für Auszahlungen, die keine Ausgaben sind!

Aufgabe 23

Nennen Sie ein Beispiel für Auszahlungen, die kein Aufwand sind!

Aufgabe 24

Nennen Sie ein Beispiel für Aufwendungen, die keine Auszahlungen sind!

Aufgabe 25

Nennen Sie ein Beispiel für Aufwendungen, die keine Kosten sind!

Aufgabe 26

Nennen Sie ein Beispiel für Kosten, die keine Aufwendungen sind!

3.2 Lösungen „Allgemeiner Teil"

Aufgabe 1

Zur Finanzwirtschaft zählen Kapitalbeschaffung (Finanzierung), Kapitalverwendung (Investition), Zahlungsverkehr und Risikomanagement.

Aufgabe 2

Grundsätzlich lassen sich Investitionen nach verschiedenen Gesichtspunkten derart gliedern, in was, für was und mit welchen Auswirkungen in der Rechnungslegung sie getätigt wurden. Unterscheiden lassen sich z. B.:

- Immaterielle Investitionen
- Sachinvestitionen und
- Finanzinvestitionen.

Aufgabe 3

Bei einer Errichtungsinvestition, auch Gründungsinvestition genannt, handelt es sich um Investitionen für die Neugründung eines Unternehmens, eines Tochterunternehmens oder einer Betriebsstätte.

Aufgabe 4

Bei einer Ersatzinvestition handelt es sich um den Austausch eines veralteten oder nicht mehr funktionsfähigen Investitionsobjektes durch ein neues.

Aufgabe 5

Bei einer Rationalisierungsinvestition handelt es sich eine Investition mit der Absicht, zukünftig Kosten zu sparen, beispielsweise durch den Austausch einer technologisch veralteten Maschine durch eine neue oder durch den Ersatz von Mitarbeitern durch Maschinen.

Aufgabe 6

Eine Erweiterungsinvestition dient der Erweiterung der bisherigen Kapazitäten, etwa durch den Kauf neuer Maschinen oder durch die Einstellung neuer Arbeitskräfte.

Aufgabe 7

Diversifikationsinvestitionen dienen der Risikodiversifikation, beispielsweise durch den Eintritt in neue Märkte bzw. Regionen.

Aufgabe 8

Unterscheiden lassen sich:

- Investitionen, die zu Aktivierungen führen müssen;
- Investitionen, die aktiviert werden dürfen;
- Investitionen, die nicht aktiviert werden dürfen

Aufgabe 9

Die Investitionsplanung besteht aus folgenden Schritten:

- Sammeln der relevanten Informationen,
- Auswerten der Informationen,
- Prüfen der Vorteile der verschiedenen Investitionsalternativen,
- Ermittlung des optimalen Einsatzzeitpunktes,
- Bestimmung des optimalen Investitionsprogrammes,
- Koordination der beteiligten Personen, Organisationseinheiten etc.,
- Prognose der erwarteten Daten.

Aufgabe 10

Jede Investitionsentscheidung hat Auswirkungen auf die Finanzierungsseite, da

- entweder vorhandene Mittel statt der Rückführung von Kapital in neue Investitionen gesteckt werden, oder
- für Investitionen neues Kapital beschafft werden muss, oder
- eine Mischung von beidem durchgeführt wird.

Aufgabe 11

Es lassen sich statische und dynamische Investitionsrechenverfahren unterscheiden. Während die dynamischen Investitionsrechenverfahren den Zeitpunkt einer zukünftigen Zahlung aus einer Investition berücksichtigen, indem
der Zeitwert des Geldes Berücksichtigung findet, wird bei statischen Investitionsrechenverfahren der Durchschnitt der zukünftigen Zahlungen verwendet.

Aufgabe 12

Abfluss an Zahlungsmitteln

Aufgabe 13

Verminderung des Netto-Geldvermögens => Ausgaben sind damit Auszahlungen, Abgänge kurzfristiger Forderungen und Zugänge kurzfristiger Verbindlichkeiten – letzteren stehen entsprechende Güterflüsse gegenüber

Aufgabe 14

nach betrieblichen Vorschriften ermittelter Werteverzehr

Aufgabe 15

nach gesetzlichen Vorschriften ermittelter Werteverzehr

Aufgabe 16

Zufluss von Zahlungsmitteln

Aufgabe 17

Erhöhung des Netto-Geldvermögens => Einnahmen sind damit Einzahlungen,
Zugänge kurzfristiger Forderungen und Abgänge kurzfristiger Verbindlichkeiten
– letzteren stehen entsprechende Güterflüsse gegenüber

Aufgabe 18

nach betrieblichen Vorschriften ermittelter Wertezuwachs

Aufgabe 19

nach gesetzlichen Vorschriften ermittelter Wertezuwachs

Aufgabe 20

Die verschiedenen Begriffe wirken sich auf folgende Vermögen aus:

Auszahlungen/Einzahlungen:	Kassenvermögen
Ausgabe/Einnahme:	Geldvermögen
Kosten/Leistungen:	betriebsnotwendiges Vermögen
Aufwendungen/Erträge:	Gesamtvermögen

Aufgabe 21

Ausgaben, die keine Auszahlungen sind: Eingang von Warenbeständen gegen Rechnung => das Netto-Geldvermögen sinkt, das Kassenvermögen bleibt gleich!

Aufgabe 22

Auszahlungen, die keine Ausgaben sind: Bezahlung einer Rechnung => das Netto-Geldvermögen sinkt, das Kassenvermögen bleibt gleich!

Aufgabe 23

Auszahlung, die kein Aufwand ist: Kauf einer Maschine => das Kassenvermögen sinkt, das Gesamtvermögen bleibt gleich (die Maschine sei zu aktivieren, sodass in der Bilanz nur ein Aktivtausch stattfindet)

Aufgabe 24

Aufwand, der keine Auszahlung ist: Abschreibung einer Maschine => das Kassenvermögen bleibt unverändert, während die Abschreibung als Aufwand das Gesamtvermögen mindert

Aufgabe 25

Aufwand, der keine Kosten ist: Spende an das Deutsche Rote Kreuz => das Gesamtvermögen sinkt, es ist aber kein betrieblicher Hintergrund erkennbar, sodass es sich nicht um Kosten handelt

Aufgabe 26

Kosten, die kein Aufwand sind: kalkulatorische Miete für die vom Eigentümer ohne Miete bereitgesellte Lagerhalle: kein Aufwand, da die Lagerhalle im Privatbesitz des Eigentümers ist, betriebliche Kosten, da ein Werteverzehr für den Betrieb stattfindet

Aufgabe 27

Welche Verfahren der statischen Investitionsrechenverfahren lassen sich unterscheiden?

Aufgabe 28

Welche Aufgabe haben kalkulatorische Zinsen?

Aufgabe 29

Wie werden die kalkulatorischen Fremdkapitalkosten ermittelt?

Aufgabe 30

Wie werden die kalkulatorischen Eigenkapitalkosten ermittelt?

Aufgabe 31

Wie lautet die Formel für die Ermittlung des kalkulatorischen Zinssatzes?

Aufgabe 32

Unternehmen A-GmbH hat ein Gesamtkapital von 25 Mio. €, davon 10 Mio. € Eigenkapital und 15 Mio. € Fremdkapital. Die kalkulatorischen Eigenkapitalkosten betragen 15%, die kalkulatorischen Fremdkapitalkosten 3%. Berechnen Sie den kalkulatorischen Zinssatz!

Aufgabe 33

Wie wirkt sich die stärkere oder schwächere Sicherheit von zukünftigen Zahlungen auf den kalkulatorischen Zinssatz aus?

Aufgabe 34

Wie ermittelt sich das gebundene Kapital einer Investition?

Aufgabe 35

Es soll eine Investition in eine Maschine vorgenommen werden, die 10 Mio. €. Nach Ende der Nutzung im Unternehmen wird ein Restwert von 2 Mio. € erwartet, für den die Maschine gebraucht verkauft werden kann.

Wie hoch ist das durchschnittlich gebundene Kapital?

Aufgabe 36

Welche Aufgabe haben kalkulatorische Abschreibungen?

Aufgabe 37

In welcher Beziehung stehen die kalkulatorischen Abschreibungen der Investitionsrechnung zu denen der Kosten- und Leistungsrechnung?

Aufgabe 38

Nach welcher Formel werden die kalkulatorischen Abschreibungen der Investitionsrechnung berechnet?

Aufgabe 39

Für eine Maschine wird eine Investition von 10 Mio. € getätigt. Der Restwert nach 5 Jahren Nutzungsdauer wird mit 2 € erwartet. Wie hoch ist die kalkulatorische Abschreibung?

Aufgabe 40

Was sind fixe, sprungfixe und variable Kosten?

Aufgabe 41

Für das Produkt A fallen folgende Kosten an: Fixkosten: 200.000 €, variable Kosten 5 €/Stück, sprungfixe Kosten 100.000 € pro Intervall 100.000 Stück. Ermitteln Sie die Gesamtkosten für folgende Ausbringungsmengen:

Bei einer Ausbringungsmenge von … ergeben sich Gesamtkosten von …

   1.000

  10.000

  50.000

100.000

500.000

Aufgabe 42

Nach welcher Formel werden die Gesamtkosten ermittelt?

Aufgabe 43

Wie reagieren die Fixkosten auf eine Veränderung der Produktionsmenge?

Aufgabe 44

Zeigen Sie grafisch die Entwicklung der Stückkosten in Abhängigkeit von der Produktionsmenge!

Aufgabe 27

Es lassen sich vier Verfahren der statischen Investitionsrechenverfahren unterscheiden:

- Kostenvergleichsrechnung
- Gewinnvergleichsrechnung
- Rentabilitätsvergleichsrechnung
- Amortisationsrechnung

Aufgabe 28

Wie alle Zukunftsbetrachtungen tragen auch die statischen Investitionsrechenverfahren die Unsicherheit über die zu erwarteten Ergebnisse in sich. Dieses Risiko lässt sich grundsätzlich nie ausschließen, allerdings lässt es sich über entsprechende kalkulatorische Werte in die statische Investitionsrechnung einbeziehen. Dies erfolgt über die kalkulatorischen Zinsen. Die kalkulatorischen Zinsen sind grundsätzlich dafür gedacht, die Kosten für das eingesetzte Kapital in die Kalkulation einzubeziehen. Sie stellen entsprechend einen Mischsatz zwischen den Kosten für das Fremdkapital und den kalkulatorischen Kosten für das Eigenkapital dar!

Aufgabe 29

Die Kosten für das Fremdkapital lassen sich grundsätzlich dem Rechnungswesen entnehmen. Nur dann, wenn für Fremdkapital nicht ein „realer" Zinssatz gezahlt wird, ist eine Korrektur vorzunehmen.

Aufgabe 30

Während die Kosten für das Fremdkapital in der Regel direkt aus dem Rechnungswesen ermittelt werden können, gibt es solche Daten für die Eigenkapitalkosten nicht. Diese sind grundsätzlich individuell zu ermitteln.

Für börsennotierte Unternehmen werden die Eigenkapitalkosten häufig aus Kapitalmarktmodellen abgeleitet, insbesondere dem Capital Asset Pricing Model

(CAPM). Nicht-börsennotierten Unternehmen ist dieser Weg versagt. Zudem weisen diese Modelle auch zahlreiche Nachteile auf, auf die wir hier aber nicht im Einzelnen eingehen müssen. Grundsätzlich sind die Eigenkapitalkosten vom Unternehmen ohne externe Hilfe zu ermitteln, es bietet sich hier etwa die Befragung der Eigenkapitalgeber an, um deren Renditeerwartung zu ermitteln.

Aufgabe 31

Kalkulatorische Zinsen = $\frac{Eigenkapital}{Gesamtkapital}$ x kalkulatorische Eigenkapitalkosten + $\frac{Fremdkapital}{Gesamtkapital}$ x kalkulatorische Fremdkapitalkosten

Aufgabe 32

Die kalkulatorischen Zinsen ergeben sich wie folgt:

Kalkulatorische Zinsen = $\frac{10\,Mio.€}{25 Mio.\,€}$ x 15% + $\frac{15\,Mio.\,€}{25\,Mio.\,€}$ x 3% = 7,8%

Aufgabe 33

Je unsicherer zukünftige Zahlungen sind, umso höher müssen die kalkulatorischen Zinsen sein!

In den statischen Investitionsrechenverfahren wird mit Durchschnittswerten gearbeitet. Entsprechend muss der kalkulatorische Zins auf das durchschnittlich gebundene Kapital in einem Investitionsobjekt bezogen werden:

Aufgabe 34

Kalkulatorische Zinsen = kalkulatorischer Zinssatz x durchschnittlich gebundenes Kapital

Dabei wird das durchschnittlich gebundene Kapital wie folgt kalkuliert:

Durchschnittlich gebundenes Kapital = $\frac{Investitionsauszahlung+Restwert}{2}$

Aufgabe 35

Durchschnittlich gebundenes Kapital = $\frac{10\ Mio.€+2\ Mio.€}{2}$ = 6 Mio. €

Aufgabe 36

Kalkulatorische Abschreibungen dienen der Verteilung der Investitionsauszahlung über die Nutzungsdauer des Investitionsgutes.

Aufgabe 37

Die kalkulatorischen Abschreibungen der Investitionsrechnung sind nicht zu verwechseln mit den kalkulatorischen Abschreibungen der Kosten- und Leistungsrechnung! Letztere dienen der periodengerechten Ermittlung des Ergebnisses. Hierfür ist die Abschreibungsmethode von besonderer Wichtigkeit, d. h. ob das Investitionsobjekt linear, degressiv, leistungsabhängig usw. abgeschrieben wird. Für die kalkulatorische Abschreibung der Investitionsrechnung spielt die Abschreibungsmethode keine Rolle. Egal wie in der Kosten- und Leistungsrechnung oder dem externen Rechnungswesen oder dem Steuerrecht abgeschrieben wird, über die Totalperiode ist der gesamte Abschreibungsbetrag für die Investitionsrechnung identisch. Da eine Durchschnittsbetrachtung stattfindet, ist es unerheblich, wie tatsächlich in den einzelnen Perioden abgeschrieben wird.

Aufgabe 38

Kalkulatorische Abschreibung = $\frac{Anschaffungsbetrag-Restwert}{Nutzungsdauer}$

Aufgabe 39

Kalkulatorische Abschreibung = $\frac{10\ Mio.€-2\ Mio.€}{5\ Jahre}$ = 1,6 Mio. €/Jahr

Aufgabe 40

Folgende Bedeutungen haben diese Begriffe:

- fixe Kosten sind konstant – unabhängig von der Produktionsmenge;
- sprungfixe Kosten sind in einem bestimmten Intervall der Produktionsmenge konstant, springen aber zu einem nächsten konstanten Wert, wenn die Produktionsmenge das nächste Intervall erreicht;
- variable Kosten verändern sich direkt mit der Produktionsmenge. Bei 0 Produktionsmenge fallen keine Kosten an, die gesamten variablen Kosten steigen mit steigender Produktionsmenge an.

Aufgabe 41

Für das Produkt A fallen folgende Kosten an: Fixkosten: 200.000 €, variable Kosten 5 €/Stück, sprungfixe Kosten 100.000 € pro Intervall 100.000 Stück. Ermitteln Sie die Gesamtkosten für folgende Ausbringungsmengen:

Folgende Gesamtkosten ergeben sich:

200.000 € + 100.000 € pro 100.000 Stück + 5 €/Stück x Ausbringungsmenge

Bei einer Ausbringungsmenge von … ergeben sich Gesamtkosten von …

1.000	305.000
10.000	350.000
50.000	550.000
100.000	800.000
500.000	3.200.000

Aufgabe 42

Gesamtkosten =   Fixkosten + sprungfixe Kosten/Intervall + variable Stückkosten x Ausbringungsmenge

Aufgabe 43

Fixen Kosten ist immanent, dass die gesamten fixen Kosten pro Produktionseinheit mit steigender Produktionsmenge sinken und bei sinkender Produktionsmenge steigen. Insgesamt bleiben sie immer konstant.

Aufgabe 44

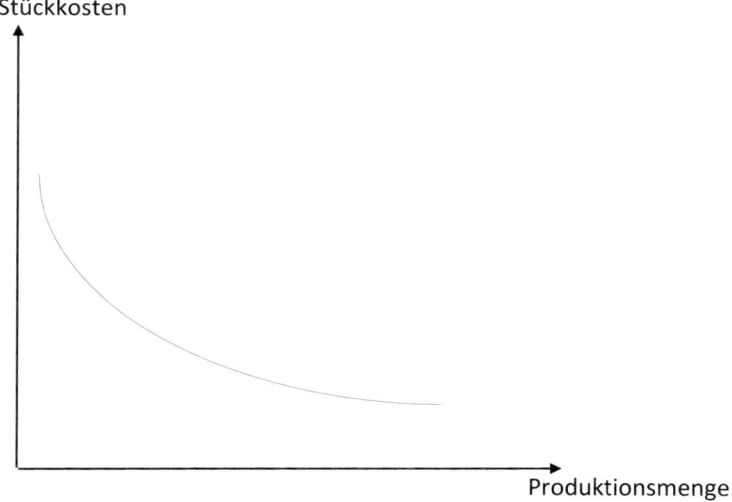

Bei einer Produktionsmenge von Null ergeben sich Stückkosten von $+\infty$. Mit steigender Produktionsmenge sinken die Stückkosten ab, um dann fast konstant zu bleiben – bei hohen Produktionsmengen sinkt der Anteil der Fixkosten an den Gesamtkosten entsprechend ab.

3.5 Aufgaben „statische Kostenvergleichsrechnung"

Aufgabe 45

In welchen Fällen wird die Kostenvergleichsrechnung eingesetzt?

Aufgabe 46

Es stehen zwei Investitionsalternativen zur Verfügung, die folgende Daten aufweisen:

in €	A	B
Investitionsauszahlung	1.200.000	1.200.000
Fixe Kosten	200.000	300.000
Variable Stückkosten	6	4
Kapazität in Stück	120.000	100.000
Nutzungsdauer in Jahren	5	5

Der kalkulatorische Zinssatz beträgt 6%. Der erwartete Restwert 200.000 €. Es werden 70.000 Produktionsmenge pro Jahr erwartet. Welche Investitionsalternative sollte gewählt werden?

Aufgabe 47

Es stehen zwei Investitionsalternativen zur Verfügung, die folgende Daten aufweisen:

in €	A	B
Investitionsauszahlung	1.200.000	1.600.000
Fixe Kosten	200.000	300.000
Variable Stückkosten	6	4
Kapazität in Stück	120.000	100.000
Nutzungsdauer in Jahren	5	5

Der kalkulatorische Zinssatz beträgt 6%. Der erwartete Restwert für A 200.000 €, für B 500.000 €. Es werden 70.000 Produktionsmenge pro Jahr erwartet. Welche Investitionsalternative sollte gewählt werden? Interpretieren Sie das Ergebnis!

3.6 Lösungen „statische Kostenvergleichsrechnung"

Aufgabe 45

Die Kostenvergleichsrechnung ist das statische Investitionsrechenverfahren, das eingesetzt wird, wenn die Kosten weitestgehend unabhängig von den Erträgen anfallen. Es basiert – wie der Name schon sagt – auf einem Vergleich der Kosten verschiedener Investitionsalternativen. Erträge werden dabei komplett ignoriert.

Zu wählen ist die Investitionsalternative, bei der weniger Kosten entstehen.

Aufgabe 46

in €	A	B
Fixe Kosten	200.000	300.000
Variable Kosten	420.000	280.000
Kalkulatorische Abschreibungen	200.000	200.000
Kalkulatorische Zinsen	56.000	56.000
Gesamtkosten	876.000	836.000

Es sollte nach der statischen Kostenvergleichsrechnung Alternative B gewählt werden!

Hinweis:

Variable Kosten A: 70.000 Stück x 6 €/Stück = 420.000 €, Variable Kosten B: 70.000 Stück x 4 €/Stück = 280.000 €

$$\text{Kalkulatorische Abschreibungen} = \frac{1.200.000\ € - 200.000\ €}{5\ Jahre} = 200.000\ €/\text{Jahr}$$

$$\text{Kalkulatorische Zinsen} = \frac{1.200.000\ € + 200.000\ €}{2} \times 8\% = 56.000\ €$$

Aufgabe 47

in €	A	B
Fixe Kosten	200.000	300.000
Variable Kosten	420.000	280.000
Kalkulatorische Abschreibungen	200.000	220.000
Kalkulatorische Zinsen	56.000	84.000
Gesamtkosten	876.000	868.000

Es sollte nach der statischen Kostenvergleichsrechnung Alternative B gewählt werden! Allerdings ist in B deutlich mehr Kapital gebunden als in A, sodass bei Wahl von A Mittel frei sind, die anderweitig genutzt werden können. Die Lösung ist entsprechend nicht eindeutig.

Hinweis:

Variable Kosten A: 70.000 Stück x 6 €/Stück = 420.000 €, Variable Kosten B: 70.000 Stück x 4 €/Stück = 280.000 €

Kalkulatorische Abschreibungen A = $\frac{1.200.000\ € - 200.000\ €}{5\ Jahre}$ = 200.000 €/Jahr

Kalkulatorische Zinsen A = $\frac{1.200.000\ € + 200.000 €}{2}$ x 8% = 56.000 €

Kalkulatorische Abschreibungen B = $\frac{1.600.000\ € - 500.000\ €}{5\ Jahre}$ = 220.000 €/Jahr

Kalkulatorische Zinsen B = $\frac{1.600.000\ € + 500.000€}{2}$ x 8% = 84.000 €

3.7 Aufgaben „statische Gewinnvergleichsrechnung"

Aufgabe 48

Wann wird die Gewinnvergleichsrechnung eingesetzt?

Aufgabe 49

Was versteht man unter Gewinn in der Gewinnvergleichsrechnung?

Aufgabe 50

Es stehen zwei Investitionsalternativen zur Verfügung, die folgende Daten aufweisen:

in €	A	B
Investitionsauszahlung	1.200.000	1.200.000
Fixe Kosten	200.000	300.000
Variable Stückkosten	6	5
Kapazität in Stück	80.000	100.000
Nutzungsdauer in Jahren	5	5

Der kalkulatorische Zinssatz beträgt 8%. Der erwartete Restwert 200.000 €. Es werden 60.000 Produktionsmenge pro Jahr erwartet. Der Absatzpreis beträgt 15 €. Welche Investitionsalternative sollte gewählt werden?

Aufgabe 51

Es stehen zwei Investitionsalternativen zur Verfügung, die folgende Daten aufweisen:

in €	A	B
Investitionsauszahlung	1.600.000	1.200.000
Fixe Kosten	200.000	500.000
Variable Stückkosten	6	5
Kapazität in Stück	80.000	100.000
Nutzungsdauer in Jahren	5	5

Der kalkulatorische Zinssatz beträgt 8%. Der erwartete Restwert 200.000 €. Es werden 80.000 Produktionsmenge pro Jahr erwartet. Der Absatzpreis beträgt 15 €. Welche Investitionsalternative sollte gewählt werden? Interpretieren Sie das Ergebnis!

Aufgabe 52

Es stehen zwei Investitionsalternativen für eine Produktionsdauer von fünf Jahren zur Verfügung, die folgende Daten aufweisen:

in €	A	B
Investitionsauszahlung	1.600.000	1.200.000
Fixe Kosten	200.000	450.000
Variable Stückkosten	6	5
Kapazität in Stück	80.000	100.000
Nutzungsdauer in Jahren	5	4

Der kalkulatorische Zinssatz beträgt 8%. Der erwartete Restwert 200.000 €. Es werden 80.000 Produktionsmenge pro Jahr erwartet. Der Absatzpreis beträgt 15 €. Welche Investitionsalternative sollte gewählt werden? Interpretieren Sie das Ergebnis!

Aufgabe 48

Die Gewinnvergleichsrechnung ist das statische Investitionsrechenverfahren, das eingesetzt wird, wenn die Kosten nicht unabhängig von den Erträgen anfallen. Es basiert – wie der Name schon sagt – auf einem Vergleich der Gewinne verschiedener Investitionsalternativen.

Aufgabe 49

Der Gewinn der statischen Gewinnvergleichsrechnung ist nicht der umgangssprachlich gemeinte Gewinn oder der „Gewinn" des externen Rechnungswesens. Gewinn hier ist der Übergewinn über die Mindestrendite hinaus! Die kalkulatorischen Zinsen enthalten bereits den Renditeanspruch, sodass Gewinn tatsächlich den Übergewinn darstellt!

Aufgabe 50

in €	A	B
Umsatz	900.000	900.000
Fixe Kosten	200.000	300.000
Variable Kosten	360.000	300.000
Kalkulatorische Abschreibungen	200.000	200.000
Kalkulatorische Zinsen	56.000	56.000
Gesamtkosten	816.000	856.000
Gewinn	84.000	44.000

Es sollte nach der statischen Gewinnvergleichsrechnung Alternative A gewählt werden!

Hinweis:

Umsatz A und B: 60.000 Stück x 15 €/Stück = 900.000 €

Variable Kosten A: 60.000 Stück x 6 €/Stück = 360.000 €, Variable Kosten B: 60.000 Stück x 5 €/Stück = 300.000 €

Kalkulatorische Abschreibungen = $\frac{1.200.000\ €-200.000\ €}{5\ Jahre}$ = 200.000 €/Jahr

Kalkulatorische Zinsen = $\frac{1.200.000\ €+200.000€}{2}$ x 8% = 56.000 €

Aufgabe 51

in €	A	B
Umsatz	1.200.000	1.200.000
Fixe Kosten	200.000	500.000
Variable Kosten	480.000	400.000
Kalkulatorische Abschreibungen	280.000	200.000
Kalkulatorische Zinsen	72.000	56.000
Gesamtkosten	1.032.000	1.056.000
Gewinn	168.000	144.000

Es sollte nach der statischen Gewinnvergleichsrechnung Alternative A gewählt werden! Allerdings wird in Alternative A deutlich mehr Kapital gebunden als in Alternative B, das zudem eine deutlich höhere Kapazität aufweist. Die Entscheidung ist entsprechend nicht eindeutig!

Hinweis:

Umsatz A und B: 80.000 Stück x 15 €/Stück = 1.200.000 €

Variable Kosten A: 80.000 Stück x 6 €/Stück = 480.000 €, Variable Kosten B: 80.000 Stück x 5 €/Stück = 400.000 €

Kalkulatorische Abschreibungen A= $\frac{1.600.000\ €-200.000\ €}{5\ Jahre}$ = 280.000 €/Jahr

Kalkulatorische Zinsen B = $\frac{1.600.000\ €+200.000€}{2}$ x 8% = 72.000 €

Kalkulatorische Abschreibungen B= $\frac{1.200.000\ €-200.000\ €}{5\ Jahre}$ = 200.000 €/Jahr

Kalkulatorische Zinsen B = $\dfrac{1.200.000\ \text{€} + 200.000\text{€}}{2}$ x 8% = 56.000 €

Aufgabe 52

in €	A	B
Umsatz	1.200.000	1.200.000
Fixe Kosten	200.000	450.000
Variable Kosten	480.000	400.000
Kalkulatorische Abschreibungen	280.000	200.000
Kalkulatorische Zinsen	72.000	56.000
Gesamtkosten	1.032.000	956.000
Gewinn	168.000	194.000

Es sollte nach der statischen Gewinnvergleichsrechnung Alternative B gewählt werden! Allerdings hat Alternative A die passende Nutzungsdauer, während B nur vier Jahre statt fünf Jahre Nutzungsdauer aufweist. Es müsste also nach vier Jahren bereits eine Ersatzinvestition vorgenommen werden! Die Entscheidung ist entsprechend nicht eindeutig!

Hinweis:

Umsatz A und B: 80.000 Stück x 15 €/Stück = 1.200.000 €

Variable Kosten A: 80.000 Stück x 6 €/Stück = 480.000 €, Variable Kosten B: 80.000 Stück x 5 €/Stück = 400.000 €

Kalkulatorische Abschreibungen A= $\dfrac{1.600.000\ \text{€} - 200.000\ \text{€}}{5\ Jahre}$ = 280.000 €/Jahr

Kalkulatorische Zinsen B = $\dfrac{1.600.000\ \text{€} + 200.000\text{€}}{2}$ x 8% = 72.000 €

Kalkulatorische Abschreibungen B= $\dfrac{1.200.000\ \text{€} - 200.000\ \text{€}}{5\ Jahre}$ = 200.000 €/Jahr

Kalkulatorische Zinsen B = $\dfrac{1.200.000\ \text{€} + 200.000\text{€}}{2}$ x 8% = 56.000 €

3.9 Aufgaben „statische Rentabilitätsvergleichsrechnung"

Aufgabe 53

Welche Aufgabe hat die Rentabilitätsvergleichsrechnung?

Aufgabe 54

Es stehen zwei Investitionsalternativen zur Verfügung, die folgende Daten aufweisen:

in €	A	B
Investitionsauszahlung	1.000.000	1.200.000
Fixe Kosten	400.000	300.000
Variable Stückkosten	5	4
Kapazität in Stück	80.000	100.000
Nutzungsdauer in Jahren	5	5

Der kalkulatorische Zinssatz beträgt 8%. Der erwartete Restwert 0 €. Es werden 90.000 Absatzmenge pro Jahr erwartet. Der Absatzpreis beträgt 15 €. Welche Investitionsalternative sollte gewählt werden? Interpretieren Sie das Ergebnis!

3.10 Lösungen „statische Rentabilitätsvergleichsrechnung"

Aufgabe 53

Die Rentabilitätsvergleichsrechnung basiert grundsätzlich auf der Gewinnvergleichsrechnung, hat aber als Ziel die Berechnung der Rentabilität und nicht nur des Gewinns. Zudem werden die kalkulatorischen Zinsen nicht einbezogen, da sie bereits einen Renditeanteil enthalten.

Aufgabe 54

Lösung:

in €	A	B
Umsatz	1.200.000	1.350.000
Fixe Kosten	400.000	300.000
Variable Kosten	480.000	360.000
Kalkulatorische Abschreibungen	200.000	240.000
Gesamtkosten	1.080.000	900.000
Gewinn nach		
Rentabilitätsvergleichsrechnung	120.000	450.000
Rentabilität	24%	75%

Es sollte nach der statischen Rentabilitätsvergleichsrechnung Alternative A gewählt werden!

Hinweis:

Umsatz A: 80.000 Stück x 15 €/Stück = 1.200.000 €

Umsatz B: 90.000 Stück x 15 €/Stück = 1.350.000 €

Variable Kosten A: 80.000 Stück x 5 €/Stück = 480.000 €, Variable Kosten B: 90.000 Stück x 4 €/Stück = 360.000 €

Kalkulatorische Abschreibungen A = $\frac{1.000.000\ € - 0\ €}{5\ Jahre}$ = 200.000 €/Jahr

Kalkulatorische Abschreibungen B = $\frac{1.200.000\,€ - 0\,€}{5\,Jahre}$ = 240.000 €/Jahr

Rentabilität A = $\frac{120.000\,€}{500.000\,€}$ = 24%

Rentabilität B = $\frac{450.000\,€}{600.000\,€}$ = 75%

In dem Beispiel sollte B gewählt werden, da es die höhere Rentabilität als A verspricht. Allerdings erfordert B durchschnittlich 100.000 € mehr gebundenes Kapital als A. Das Ergebnis ist damit nicht eindeutig.

3.11 Aufgaben „statische Amortisationsrechnung"

Aufgabe 55

Welche Aufgabe hat die statische Amortisationsrechnung?

Aufgabe 56

Welche Rechengrößen verwendet die statische Amortisationsrechnung?

Aufgabe 57

Aus zwei Investitionsalternativen werden folgende Zahlungen erwartet:

	A	B
Jahr 0	-200.000	-200.000
Jahr 1	+90.000	+20.000
Jahr 2	+90.000	+20.000
Jahr 3	+20.000	+70.000
Jahr 4	+30.000	+90.000
Jahr 5	+30.000	+90.000
Jahr 6	+30.000	+40.000

Welche statische Amortisationsdauer haben die beiden Alternativen? Welche Alternativ ist vorteilhafter?

3.12 Aufgaben „statische Amortisationsrechnung"

Aufgabe 55

Die statische Amortisationsrechnung dient nicht zur Entscheidungsfindung wie die drei anderen statischen Investitionsrechenverfahren. Sie ist vielmehr ein Risikomaß, das angibt, wie schnell das Kapital an das Unternehmen zurückfließt.

Häufig wird die statische Amortisationsrechnung als Ausschlusskriterium in den Entscheidungsprozess eingebunden. Sie entscheidet nicht über die tatsächliche Investitionsentscheidung, sondern schließt solche Investitionsalternativen aus, deren Amortisationsdauern zu hoch ist.

Aufgabe 56

Im Gegensatz zu den drei anderen Verfahren der statischen Investitionsrechenverfahren basiert die statische Amortisationsrechnung nicht auf kalkulatorischen sowie Durchschnittsgrößen, sondern sie verwendet als einzige der statischen Investitionsrechenverfahren Zahlungsgrößen.

Aufgabe 57

A bringt über die Totalperiode einen Überschuss von 90.000, B einen von 130.000. Allerdings erreicht A bereits nach 3 Jahren den Komplettrückfluss des investierten Kapitals (90.000+90.000+20.000 = 200.000), während B dies erst nach vier Jahren gelingt (20.000+20.000+70.000+90.000 = 200.000). Aus Risikogesichtspunkten ist A somit sicherer als B, während B höhere Überschüsse erzielt! Eine eindeutige Entscheidung ist nicht möglich.

3.13 Aufgaben Allgemeines „dynamische Investitionsrechenverfahren"

Aufgabe 58

Welches grundsätzliche Vorgehen haben alle dynamischen Investitionsrechen-verfahren?

Aufgabe 59

Was ist der Barwert?

Aufgabe 60

Ein Unternehmen erwartet in vier Jahren eine Zahlung von 500.000 €. Der Zins-satz für vier Jahre beträgt 5%. Wie hoch ist der heutige Wert der Zahlung?

Aufgabe 58

Im Unterschied zu den statischen Investitionsrechenverfahren beziehen die Verfahren der dynamischen Investitionsrechenverfahren den Zeitwert des Geldes mit in die Betrachtung ein. Damit werden Zahlungen, die beispielsweise heute getätigt werden, mit solchen vergleichbar gemacht, die erst beispielsweise in einigen Jahren getätigt werden.

Aufgabe 59

Der Barwert ergibt sich aus der(n) zukünftige(n) Zahlung(en), die auf den heutigen Tag abgezinst werden. Damit wird die Frage beantwortet: was ist eine Zahlung im Zeitpunkt t heute wert.

$$\text{Barwert} = \frac{Zahlung\ im\ Zeitpunkt\ t}{(1+i)^n}$$

Aufgabe 60

$$\text{Barwert} = \frac{500.000\ €}{(1+5\%)^4} = 411.351\ €$$

3.15 Aufgaben Kapitalwertmethode

Aufgabe 61

Beschreiben Sie das allgemeine Vorgehen bei der Kapitalwertmethode!

Aufgabe 62

Wie lautet das Entscheidungskriterium bei der Kapitalwertmethode?

Aufgabe 63

Welche Vorteile hat die Kapitalwertmethode gegenüber den statischen Investitionsrechenverfahren?

Aufgabe 64

Wie lautet die Formel zur Berechnung des Kapitalwertes?

Aufgabe 65

Wie lautet die Formel zur Berechnung des Endwertes?

Aufgabe 66

Es kann zwischen zwei Investitionsalternativen A und B gewählt werden, die folgende Zahlungsströme versprechen:

	A	B
Jahr 0	-400.000	-150.000
Jahr 1	+150.000	+70.000
Jahr 2	+80.000	+80.000
Jahr 3	+70.000	+70.000
Jahr 4	+80.000	

Jahr 5   +90.000

Der Zinssatz beträgt für alle Laufzeiten konstant 5%.

Aufgabe 67

Welche Formel ist heranzuziehen, wenn bei einem konkreten Einzahlungsbetrag pro Jahr der Endbetrag berechnet werden soll?

Aufgabe 68

Unternehmer X möchte jedes Jahr 10.000 € auf seinem Bankkonto zu 4% anlagen. Welchen Betrag kann er nach 30 Jahren entnehmen?

Aufgabe 69

Welche Formel ist heranzuziehen, wenn bei einem konkreten Einzahlungsbetrag pro Jahr der Barwert berechnet werden soll?

Aufgabe 70

Welchen Betrag muss Unternehmer Y heute zurücklegen, um für die nächsten 30 Jahre jährlich 12.000 € entnehmen zu können, wenn der Zinssatz 5% beträgt?

Aufgabe 71

Wie lautet die Formel für die ewige Rente?

Aufgabe 72

Welche Nachteile hat die Kapitalwertmethode?

Aufgabe 73

Was ist die Annuitätenmethode und wie wird die Annuität ermittelt?

Aufgabe 74

Was ist die interne Zinsfußmethode und welche Nachteile hat sie?

3.16 Lösungen „Kapitalwertmethode"

Aufgabe 61

Bei der Kapitalwertmethode werden die Barwerte der einzelnen Zahlungen aus einer Investition – Aus- und Einzahlungen – aufsummiert und aus dem Ergebnis wird die Vorteilhaftigkeit der Investition abgeleitet.

Aufgabe 62

Ist der Kapitelwert über 0, so ist die Investition vorteilhaft und sollte getätigt werden.

Ist der Kapitalwert gleich 0, so hat eine Anlage in die Investition keine Vorteile, aber auch keine Nachteile.

Ist der Kapitalwert unter 0, so sollte die Investition nicht getätigt werden.

Erreichen mehrere Investitionsalternativen einen Kapitalwert über 0, so ist die mit dem höchsten Kapitalwert zu wählen.

Aufgabe 63

Die Kapitalwertmethode löst die Probleme der statischen Investitionsrechenverfahren. Investitionsalternativen mit unterschiedlichen Investitionsauszahlungen, Nutzungsdauern usw. lassen sich hiermit eindeutig vergleichen.

Aufgabe 64

Die allgemeine Formel für den Kapitalwert lautet:

Kapitalwert = $\sum_{t=0}^{n} \frac{Z_t}{(1+i)^t}$

mit: t = Zeitpunkt

   n = Anzahl an Zeitpunkten

   Z_t = Zahlung im Zeitpunkt t

   i = Zinssatz

Aufgabe 65

Der Endwert einer Zahlung Z ergibt sich wie folgt:

Endwert = $Z \times (1+i)^t$

mit: Z = Zahlung

i = Zinssatz

t = Zeitraum zwischen Zahlung und Endwert

Aufgabe 66

Barwert A = +11.640 €

Barwert B = +47.331 €

B sollte gewählt werden.

Aufgabe 67

Endwert = $Z \times \frac{(1+i)^n - 1}{i}$

mit: Z = konstanter Anlagebetrag

i = Zinssatz

n = Anzahl an Jahren

Aufgabe 68

Endwert = $10.000 € \times \frac{(1+4\%)^{30} - 1}{4\%} = 560.849$ €

Aufgabe 69

Barwert = $Z \times \frac{(1+i)^n - 1}{i \times (1+i)^n}$

mit: Z = konstanter Anlagebetrag

i = Zinssatz

n = Anzahl an Jahren

Aufgabe 70

$$\text{Barwert} = 12.000 \times \frac{(1+5\%)^{30}-1}{5\% \; x \; (1+5\%)^{30}} = 240.000 \text{ €}$$

Aufgabe 71

$$\text{Barwert bei ewiger Rente} = \frac{Z}{i}$$

mit: Z = konstanter Zahlungsbetrag

   i = Zinssatz

Aufgabe 72

Die Kapitalwertmethode ist einfach anwendbar und liefert eindeutige Ergebnisse. Allerdings weist auch sie Probleme auf. Zunächst wird immer ein einheitlicher Zinssatz für Haben und Soll verlangt, was eine Grundvoraussetzung des vollkommenen Kapitalmarkts ist, aber praktisch nicht vorliegt. Dadurch liefert sie mathematisch eindeutige Ergebnisse, deren praktische Umsetzbarkeit aber nur eingeschränkt möglich ist.

Zudem ist der Kapitalwert stark von den gewählten Zinssätzen abhängig. Eine geringe Verschiebung kann bereits die Aussage verändern und aus einem positiven Kapitalwert einen negativen machen. Aus diesem Grund sind grundsätzlich bei der Verwendung der Kapitalwertmethode die Annahmen sorgfältig zu prüfen und auf Auswirkungen hin zu analysieren.

Letztlich stellt sich das Problem, dass der Kapitalwert nicht einfach verständlich ist. Während die statischen Investitionsrechenverfahren mit allgemein gebräuchlichen Begriffen wie Gewinn und Rentabilität arbeitet, ist dies bei der Kapitalwertmethode nicht der Fall. Sie ist insofern weitaus stärker erklärungsbedürftig als die statischen Investitionsrechenverfahren.

Aufgabe 73

Die Annuitätenmethode wandelt den Kapitalwert der Kapitalwertmethode in jährliche Annuitäten um. Dabei wird der Kapitalwert mit folgender Formel in die Annuität umgewandelt:

Annuität = Kapitalwert x $\dfrac{(1+i)^n \; x \; (i-1)}{(1+i)^n - 1}$

Aufgabe 74

Die interne Zinsfußmethode versucht eine Schwäche der Kapitalwertmethode zu lösen, die, das keine Rentabilität, sondern ein Kapitalwert ermittelt wird. Zu diesem Zweck wird der Zinssatz ermittelt, bei dem der Kapitalwert exakt 0 ergibt:

$$\sum_{t=0}^{n} \frac{Z_t}{(1+ir)^t} = 0$$

mit: t = Zeitpunkt

n = Anzahl an Zeitpunkten

Z_t = Zahlung im Zeitpunkt t

ir = interner Zinsfuß

Mathematisch lässt sich diese Formel grundsätzlich lösen, allerdings ergeben sich immer n Lösungen, d. h. beispielsweise bei vier Jahren gibt es in der Regel mathematisch vier Lösungen usw. Unabhängig davon basiert die interne Zinsfußmethode aber auf einem entscheidenden Fehler. Es wird mathematisch unterstellt, dass alle Zwischengeldanlagen und -aufnahmen zum internen Zinsfuß erfolgen! Die interne Zinsfußmethode ergibt insofern nur eine scheingenaue Rentabilität.

3.17 Aufgaben „Dynamische Amortisationsrechnung"

Aufgabe 75

Was ist die dynamische Investitionsrechnung?

Aufgabe 76

Aus zwei Investitionsalternativen werden folgende Zahlungen erwartet:

	A	B
Jahr 0	-350.000	-400.000
Jahr 1	+90.000	+30.000
Jahr 2	+90.000	+30.000
Jahr 3	+90.000	+30.000
Jahr 4	+90.000	+90.000
Jahr 5	+60.000	+90.000
Jahr 6	+60.000	+290.000

Es wird mit einem Zinssatz von 5% gerechnet. Wie lang ist die dynamische Investitionsrechnung?

Aufgabe 75

Die dynamische Amortisationsrechnung hat die gleiche Vorgehensweise wie die statische Amortisationsrechnung. Es wird die Frage gestellt, wie schnell das eingesetzte Kapital zurückgeführt wird, allerdings nicht wie in der statischen Amortisationsrechnung mit absoluten Werten, sondern mit abgezinsten! Die Aussagen sind ansonsten vergleichbar mit der statischen Amortisationsrechnung.

Aufgabe 76

Zunächst sind die Barwerte der einzelnen Zahlungen zu berechnen, indem die jeweilige Zahlung über die jeweilige Laufzeit abgezinst wird.

	A	B
Jahr 0	-350.000	-400.000
Jahr 1	+85.714	+28.571
Jahr 2	+81.633	+27.211
Jahr 3	+77.745	+25.915
Jahr 4	+74.043	+74.043
Jahr 5	+47.012	+70.517
Jahr 6	+44.773	+216.402

A erreicht die dynamische Amortisation im fünften Jahr, B im sechsten Jahr.

Ein Unternehmen plant eine Investition in ihren Maschinenpark. Zur Auswahl stehen zwei Alternativen mit folgenden Eigenschaften:

A:

Anschaffungsinvestition:	10 Mio. €
Kapazität pro Jahr:	100.000 Stück
Fixkosten pro Jahr	800.000 €

Die variablen Kosten betragen im ersten Jahr 6 € pro Stück und fallen danach jährlich um 0,50 €.

Am Ende der Nutzungsdauer von 5 Jahren erwartet das Unternehmen, die Investitionsgüter für 20% des Anschaffungspreises veräußern zu können.

B:

Anschaffungsinvestition:	12 Mio. €
Kapazität pro Jahr:	120.000 Stück
Fixkosten pro Jahr	400.000 €

Die variablen Kosten betragen im ersten Jahr 5 € pro Stück und fallen danach jährlich um 0,50 €.

Am Ende der Nutzungsdauer von 5 Jahren erwartet das Unternehmen, die Investitionsgüter für 10% des Anschaffungspreises veräußern zu können.

Das Unternehmen weist ein Eigenkapital von 20 Mio. € und ein Fremdkapital von 80 Mio. € aus. Das Fremdkapital wird mit 3% verzinst. Als Eigenkapitalverzinsungsanspruch erheben die Eigentümer 15%.

Folgende Absatzzahlen werden in der Nutzungsdauer erwartet:

Jahr 1   50.000 Stück

Jahr 2	60.000 Stück
Jahr 3	80.000 Stück
Jahr 4	100.000 Stück
Jahr 5	120.000 Stück

Der Verkaufspreis beträgt konstant 50 €.

Der Marktzins beträgt 8%. Treffen Sie unter Verwendung der Verfahren der statischen und dynamischen Investitionsrechnung eine Entscheidung über die Investition!

Lösung:

Die Kostenvergleichsrechnung ist hier nicht anwendbar, da die Erträge von A und B unterschiedlich sind.

Zunächst müssen die relevanten Daten für die statische Amortisationsdauer ermittelt werden.

A:

	Produktionszahlen	variable Stückkosten	variable Kosten
Jahr 1	50.000	6 €	300.000
Jahr 2	60.000	5,50 €	330.000
Jahr 3	80.000	5 €	400.000
Jahr 4	100.000	4,50 €	450.000
Jahr 5	100.000	4 €	400.000
Gesamt	390.000		1.880.000

Variable Stückkosten = $\frac{1.880.000\ €}{390.000\ Stück}$ = 4,82 €/Stück

Durchschnittliche Produktions- = Absatzzahlen = $\frac{390.000}{5\ Jahre}$ = 78.000 Stück

Durchschnittliche variable Kosten pro Periode = $\frac{1.880.000\ €}{5}$ = 376.000 €

B:

	Produktionszahlen	variable Stückkosten	variable Kosten
Jahr 1	50.000	5 €	250.000
Jahr 2	60.000	4,50 €	270.000
Jahr 3	80.000	4 €	320.000
Jahr 4	100.000	3,50 €	350.000
Jahr 5	120.000	3 €	360.000

Gesamt   410.000   1.510.000

Variable Stückkosten = $\frac{1.510.000\ €}{410.000\ Stück}$ = 3,68 €/Stück

Durchschnittliche Produktions- = Absatzzahlen = $\frac{410.000}{5\ Jahre}$ = 82.000 Stück

Durchschnittliche variable Kosten pro Periode = $\frac{1.510.000\ €}{5}$ = 302.000 €

Kalkulatorischer Zinssatz = $\frac{20\ Mio.€}{100\ Mio.€}$ x 15% + $\frac{80\ Mio.€}{100\ Mio.€}$ x 3% = 5,4%

Restwert A = 20% x 10 Mio. € = 2 Mio. €

Kalkulatorische Zinsen A = 5,4% x $\frac{10\ Mio.€ + 2\ Mio.€}{2}$ = 324.000 €

Restwert B = 10% x 12 Mio. € = 1,2 Mio. €

Kalkulatorische Zinsen B = 5,4% x $\frac{12\ Mio.€ + 1,2\ Mio.€}{2}$ = 356.400 €

Kalkulatorische Abschreibungen A = $\frac{10\ Mio.\ € - 2\ Mio.€}{5}$ = 1.600.000 €

Kalkulatorische Abschreibungen B = $\frac{12\ Mio.\ € - 1,2\ Mio.€}{5}$ = 2.160.000 €

Gesamtkosten:

	A	B
Fixkosten	800.000	400.000
Variable Kosten	376.000	302.000
Kalkulatorische Abschreibungen	1.600.000	2.160.000
Kalkulatorische Zinsen	324.000	356.400
Gesamtkosten	3.100.000	3.218.400

Der durchschnittliche Umsatz beträgt für:

A: 50 €/Stück x 78.000 Stück = 3.900.000 €

B: 50 €/Stück x 82.000 Stück = 4.100.000 €

Gewinnvergleichsrechnung:

	A	B
Umsatz	3.900.000	4.100.000
Fixkosten	800.000	400.000
Variable Kosten	376.000	302.000
Kalkulatorische Abschreibungen	1.600.000	2.160.000
Kalkulatorische Zinsen	324.000	356.400
Gesamtkosten	3.100.000	3.218.400
Gewinn	800.000	881.600

Rentabilitätsvergleichsrechnung:

	A	B
Umsatz	3.900.000	4.100.000
Fixkosten	800.000	400.000
Variable Kosten	376.000	302.000
Kalkulatorische Abschreibungen	1.600.000	2.160.000
Gesamtkosten	2.776.000	2.862.000
Gewinn	1.124.000	1.238.000
Rentabilität	18,7%	18,8%

Rentabilität A $= \dfrac{1.124.000 \ €}{6.000.000 \ €} = 18,7\%$

Rentabilität B $= \frac{1.238.000 \; €}{6.600.000 \; €} = 18,8\%$

Folgende Zahlungen entstehen aus den beiden Investitionen:

A:

	Umsatz	Fixkosten	variable Kosten	Zahlungsüberschuss
Jahr 1	2.500.000	800.000	300.000	1.400.000
Jahr 2	3.000.000	800.000	330.000	1.870.000
Jahr 3	4.000.000	800.000	400.000	2.800.000
Jahr 4	5.000.000	800.000	450.000	3.750.000
Jahr 5	5.000.000	800.000	400.000	3.800.000

B:

	Umsatz	Fixkosten	variable Kosten	Zahlungsüberschuss
Jahr 1	2.500.000	400.000	250.000	1.850.000
Jahr 2	3.000.000	400.000	270.000	2.330.000
Jahr 3	4.000.000	400.000	320.000	3.280.000
Jahr 4	5.000.000	400.000	350.000	4.250.000
Jahr 5	6.000.000	400.000	360.000	5.240.000

Zahlungsreihe:

A:

Jahr 0: -10.000.000 €

Jahr 1: +1.400.000 €

Jahr 2: +1.870.000 €

Jahr 3: +2.800.000 €

Jahr 4: +3.750.000 €

Jahr 5: +5.800.000 €

Hinweis: Im Jahr 5 zusätzlich zu laufendem Zahlungsüberschuss 2 Mio. € aus Verkauf Investitionsgüter!

B:

Jahr 0: -12.000.000 €

Jahr 1: +1.850.000 €

Jahr 2: +2.330.000 €

Jahr 3: +3.280.000 €

Jahr 4: +4.250.000 €

Jahr 5: +6.240.000 €

Hinweis: Im Jahr 5 zusätzlich zu laufendem Zahlungsüberschuss 1,2 Mio. € aus Verkauf Investitionsgüter!

Kapitalwert A = 1.825.995 €

Kapitalwert B = 1.685.048 €

Nach beiden statischen Investitionsrechenverfahren ist B die vorteilhafte Investitionsalternative. Nach der Kapitalwertmethode ist dagegen Alternative A vorteilhaft.